Cómo invierto mi dinero

Joshua Brown

Brian Portnoy

Cómo invierto mi dinero

Expertos en finanzas nos descubren cómo ahorran, gastan e invierten

Ilustraciones de
Carl Richards

Traducción de
Nadia Khalil Tolosa

HOEPLI
ediciones

Título original: *How I Invest My Money*

Originally published in the UK by Harriman House Ltd in 2020,
www.harriman-house.com.

correo electrónico: info@hoepliediciones.es
www.hoepliediciones.es

ISBN 979-12-5499-010-0

Primera edición: septiembre de 2023

Proyecto editorial: Maurizio Vedovati – Servizi editoriali
Revision de la traducción: Alberto Honrado
Ilustraciones de Carl Richards. Copyright © Carl Richards
Cubierta: Christopher Parker

Impresión: Rotomail Italia S.p.A. - Vignate (MI)
Impreso en Italia - Printed in Italy

Índice

Introducción

HE HECHO LAS cuentas. He estado saliendo en la televisión financiera durante nueve años y medio. En esos 114 meses aproximadamente, he hecho una media de tres programas por semana, lo que supone algo así como 1.368 horas de tiempo en televisión hablando sobre el mercado de valores, el mercado de bonos, economía e inversión.

Y en todo ese tiempo ni una sola persona me ha preguntado jamás qué hacía yo con mi propio dinero. Ni una.

He hablado de todo lo que existe: tipos de interés, múltiplos de valoración, teleconferencias sobre resultados financieros, políticas de la Reserva Federal, cambios en los códigos fiscales, precios del sector inmobiliario, diferenciales de crédito, innovación y tecnología, confianza del consumidor, estrategias de negociación, propiedad de pequeñas empresas, macroeconomía, microeconomía, mercados emergentes, fondos indexados, gestión activa, activismo accionarial, fondos de inversión inmobiliarios, volatilidad, capital riesgo privado, capital riesgo, oferta pública de acciones, precios del petróleo y el gas, análisis técnicos, inversión en valor, acciones momentum, factores smart beta, inversiones socialmente responsables, redes sociales, biotecnología y aprobación de medicamentos, elecciones presidenciales, geopolítica, desastres naturales, contratistas de defensa, oro y plata, criptomonedas, negociación de alta frecuencia, el movimiento Occupy Wall Street, uso de información privilegiada, subidas y bajadas de ratings, sectores e industrias, inversión a largo plazo, negociación intradía, fondos de cobertura, fondos mutuos, fondos cotizados en bolsa, empresas de videojuegos, el mundo del deporte, la industria del espectáculo, empresas emergentes, quiebras, fusiones y compras, y hasta entrevisté al cantante 50 Cent.

Y en todo ese tiempo ni una sola vez alguien me dijo: "Cuéntanos cómo inviertes tu propio dinero".

No sucedió jamás.

No es que no disfrutara hablando de todos estos temas, porque sí me gustaba. Pero al volver la vista atrás, a todo ese tiempo, y a todas las palabras que salían de mi boca, me quedo fascinado de que las inversiones que hago con mi propio dinero nunca salieran a colación.

Para poner remedio a esto escribí una entrada titulada "Cómo invierto mi propio dinero" en el blog *The Reformed Broker*. Fue la primera vez que escribí con detalle sobre cómo invierto personalmente y por qué lo hago así. El texto se hizo viral en todas las redes sociales donde lo compartí.

Poco después estuve hablando con mi coeditor y amigo Brian Portnoy sobre el tema y nos dimos cuenta de que teníamos entre manos algo muy ilusionante.

Nos pusimos a pensar en el hecho de que muy pocos profesionales de las finanzas habían escrito sobre sus propias finanzas personales e inversiones. Nos preguntamos: ¿Y si pedimos a algunos de nuestros amigos y colegas del mundo de la inversión que nos hablen de lo que hacen con su propio dinero, y por qué lo hacen? La verdad es que nadie lo había hecho antes.

Entre Brian y yo, hemos leído cientos de libros sobre inversión (y escrito sobre ellos). Por lo que recordamos, cada uno de esos libros eran consejos sobre lo que otras personas debían hacer, o se centraban en una estrategia de inversión particular que el autor llevaba a cabo profesionalmente. Incluso la consagrada serie *Los magos del mercado*, que a los dos nos encanta, trata sobre todo de cómo esos magos invierten el dinero de otros.

Sin duda, no faltan libros sobre cómo los expertos creen que se debería invertir, pero muy pocos autores especifican si ellos mismos siguen o no sus propios consejos.

En las páginas que siguen, podrás encontrar información sobre inversión y gestión del dinero desde una perspectiva muy diferente. Aprenderás de la mano de algunos de los inversores profesionales más concienzudos e interesantes que conocemos sobre cómo gestionan sus propias carteras.

Y más importante que el "cómo" es el "por qué". En el transcurso de mi carrera, primero como bróker minorista, y después como CEO de una compañía de gestión de patrimonio multimillonario, he hablado con miles de inversores, tanto minoristas como profesionales. En ese tiempo aprendí que las razones por las que la gente invierte son igual de importantes que los nombres y las descripciones de las propias inversiones. Todas las personas que aparecen en este libro son buenos conocedores de las teorías de inversión académicas: la teoría moderna de carteras, la teoría del mercado eficiente y demás. Pero, como verás, cada uno viene de una situación única y particular. Cada uno tiene una historia que contar y abordar cómo invertimos, ahorramos y gastamos es una manera reveladora de contar esa historia.

Hace unos pocos años, comí con un mayorista de uno de los mayores gestores de activos del mundo y nos pusimos a hablar de algunos de sus otros clientes. La empresa para la que trabajaba es muy conocida como una gran proveedora de fondos indexados baratos. Sin citar nombres, me dijo: "No te imaginas cuántos gestores de fondos de cobertura mantienen su capital personal en fondos indexados con nosotros que solo cuestan unos pocos puntos básicos".

Le respondí que lo más probable es que no me sorprendiera en absoluto. Las técnicas sofisticadas de asignación de carteras de acciones y su negociación a cargo de expertos son el camino más rápido para cobrar comisiones enormes. Pero ¿son la mejor solución para aquellos que buscan un crecimiento fiable y cierto grado de seguridad a largo plazo para su futuro financiero? Lo más probable es que no. Para mí tenía todo el sentido que gente que ya era extraordinariamente rica quisiera preservar su riqueza utilizando un método muy alejado de las estrategias que utilizan en su vida profesional.

Cuando Brian y yo nos disponíamos a buscar colaboradores para este libro, hicimos una lista de personas de la industria de las inversiones que ambos admiramos tanto en lo profesional como en lo profesional. Queríamos conocer las carteras personales de gente de todas las áreas de este negocio, desde el capital riesgo hasta la planificación financiera, pasando por la gestión de activos y todo lo que hay entre medias. También queríamos llevar nuestra idea a potenciales colaboradores que sabíamos que serían sinceros y abiertos, y que estarían dispuestos a compartir su historia personal y profesional.

Me di cuenta de algo importante durante el transcurso de este proyecto sobre el dinero, la vida y la planificación para el futuro. He aprendido que las razones que hay detrás de nuestras carteras y decisiones de inversión personales revelan mucho más sobre nosotros que lo que podríamos pensar al principio.

¿Estamos demasiado ocupados ayudando a otros como para mantener una asignación ordenada de activos para nosotros mismos?

¿Pasamos demasiado tiempo obsesionados con fórmulas, compensaciones y porcentajes en vez de centrarnos en una visión más amplia?

¿Son nuestras carteras personales una representación precisa de las filosofías de inversión que defendemos en público, o se han apartado del dogma por un motivo u otro?

¿Nos arriesgamos con nuestro propio dinero más o menos de lo que lo haríamos con el de otros? ¿Asumimos riesgos redundantes dada la naturaleza de nuestro trabajo?

¿Tienen nuestros valores en cartera restos de nuestro mal criterio del pasado? ¿Llevamos atrasadas nuestras propias labores de mantenimiento?

¿Estamos en sintonía con nuestras familias? ¿Tenemos las mismas aspiraciones y objetivos con el dinero cuando llegue el momento? ¿Nos podemos siquiera poner de acuerdo en cuál es el momento?

¿Hemos aprendido lo suficiente mientras tanto para contradecir algunas de nuestras ideas originales sobre cómo invertir? ¿Estamos creciendo, o cerrando nuestra mente a nuevas ideas?

¿Tenemos puesto el piloto automático, o todavía nos hacemos estas preguntas difíciles?

Estoy muy emocionado por poder compartir las perspectivas e historias personales que hemos recopilado para este libro de algunos de los mejores escritores y comunicadores del mundo de la inversión. Brian y yo hemos estructurado y ordenado estos capítulos de forma deliberada, pero contamos con que muchos lectores los consuman a la carta.

Es posible que vuelvas a capítulos específicos más de una vez, porque encuentres una historia o estrategia que te haya hecho mella. Esto nos haría sentir que el libro ha cumplido su objetivo.

Nada nos haría más felices que saber que los lectores han podido aprender de los ejemplos de nuestros colegas y sentirse más seguros a la hora de administrar su propio dinero.

Elegir este libro ha sido una gran decisión. ¡Por favor, disfrútalo!

Joshua Brown

Independencia - Todo lo demás

Morgan Housel es socio de Collaborative Fund y excolumnista de The Motley Fool y *The Wall Street Journal.* Ha ganado dos veces el premio Best in Business de la Sociedad de Escritores y Editores de Negocios Estadounidenses; obtuvo también el premio Sidney de *The New York Times* y ha sido dos veces finalista del premio Gerald Loeb de periodismo financiero y negocios distinguidos. Su trabajo apareció en *The Best Business Writing*, publicado por la *Columbia Journalism Review*. Es autor de *La psicología del dinero. Cómo piensan los ricos.*

Se dice que Sandy Gottesman, el multimillonario que fundó la consultoría First Manhattan, preguntaba en las entrevistas a los candidatos para su equipo de inversión: "¿Qué tienes y por qué?".

No les preguntaba: "¿Qué acciones crees que están baratas?" o "¿Qué economía está a punto de sufrir una recesión?".

Simplemente: enséñame qué haces con tu propio dinero.

Me encanta esta pregunta porque pone de manifiesto lo que a menudo puede suponer una gran brecha entre aquello que tiene sentido (que es lo que la gente sugiere que hagas) y lo que parece correcto hacer (que es lo que hace realmente).

La mitad de los gestores de carteras de fondos de inversión inmobiliaria de Estados Unidos no invierten ni un centavo de su dinero en sus fondos, según Morningstar.* Esto puede parecer una barbaridad, y seguramente el dato desvela cierta hipocresía.

Pero este tipo de cosas es más habitual de lo que podríamos pensar. Ken Murray, profesor de Medicina de la Universidad del Sur de California, escribió un ensayo en 2011 titulado "Cómo se mueren los médicos" que mostraba hasta qué punto los médicos optaban por tratamientos para sí mismos diferentes a los que los que recomendaban a sus pacientes.**

* A. Ram, *Financial Times*, 18 de septiembre de 2016.

** K. Murray, *Zócalo Public Square*, 30 de noviembre de 2011.

"[Los médicos] no mueren como nosotros —escribió—. Lo que resulta llamativo no es el tratamiento que reciben en comparación con el resto de los estadounidenses, sino lo poco que se tratan. Con todo el tiempo que pasan evitando la muerte de los demás, tienden a estar muy serenos cuando se enfrentan ellos mismos a la muerte. Saben exactamente qué va a pasar, saben qué opciones hay, y por lo general tienen acceso a la atención médica que quieran. Pero van con calma." Una médica puede ir a por todas con el cáncer de una paciente, pero preferir los cuidados paliativos para sí misma.

La diferencia entre lo que alguien te sugiere hacer y lo que hacen ellos mismos no siempre es algo negativo. Sencillamente pone de relieve que, cuando se trata de temas complicados y emocionales que nos afectan a nosotros y a nuestras familias, no hay una única opción correcta. No hay una verdad universal.

Solo cuenta lo que funciona para uno mismo y la familia, y seleccionar las opciones de manera que te sientas a gusto y puedas dormir bien por las noches.

Hay principios básicos que deben cumplirse (esto es así tanto en las finanzas como en la medicina), pero las decisiones financieras importantes no se toman con hojas de cálculo o manuales. Se toman en la mesa del comedor. A menudo no se hacen con la intención de maximizar los beneficios, sino de minimizar la posibilidad de decepcionar al cónyuge o a los hijos. Ese tipo de cosas son difíciles de resumir en gráficos o fórmulas, y varían mucho de una persona a otra. Lo que funciona para una persona puede no funcionar para otra.

Hay que encontrar lo que funciona para cada persona. Esto es lo que me funciona a mí.

Qué piensa mi familia sobre los ahorros

Charlie Munger dijo una vez: "No tenía la intención de hacerme rico. Solo quería ser independiente".

Podemos dejar de lado la riqueza, pero la independencia siempre ha sido mi meta financiera personal. Buscar los rendimientos más altos o aprovechar mis activos para vivir una vida llena de grandes lujos nunca me ha interesado. Las dos cosas me parecen trucos que la gente hace para impresionar a sus amigos, y ambas tienen riesgos ocultos. Yo lo único que quiero es despertarme todos los días sabiendo que mi familia y yo podemos hacer lo que queramos según nuestras propias condiciones. Todas las decisiones financieras que tomamos giran en torno a ese objetivo.

Mis padres vivieron su edad adulta en dos fases: como pobres de solemnidad y después moderadamente acomodados. Mi padre se hizo médico cuando ya tenía 40 años y tres hijos. Ganar el salario de un médico no puso fin a la mentalidad frugal que hacía falta para mantener a tres niños hambrientos mientras mi padre estudiaba medicina, y pasaron sus mejores años viviendo muy por debajo de sus posibilidades con una alta tasa de ahorro.

Esto les proporcionó cierto grado de independencia. Mi padre era médico de urgencias, una de las profesiones con mayor nivel de estrés imaginable y que requiere un doloroso cambio de ritmos circadianos entre los turnos de día y noche. Veinte años después decidió que ya había tenido suficiente, y paró. Lo dejó. Pasó a la siguiente fase de su vida.

Eso me marcó. Poder despertarte una mañana y cambiar lo que estás haciendo, como tú quieras, cuando estés preparado, me parece la madre de todos los objetivos financieros. Para mí, la independencia no es dejar de trabajar. Es hacer únicamente el trabajo que te gusta con la gente que te gusta, en el horario que quieras siempre que quieras.

Y conseguir cierto nivel de independencia no es cuestión de tener los ingresos de un médico. Se trata sobre todo de mantener las expectativas controladas y vivir por debajo de tus posibilidades. La independencia, para cualquier nivel de ingresos, viene motivada por la tasa de ahorro. Y a partir de cierto nivel de ingresos, viene motivada por la capacidad de evitar perder las expectativas de tu estilo de vida.

Mi mujer y yo nos conocimos en la universidad y nos fuimos a vivir juntos unos años antes de casarnos. Al acabar los estudios los dos conseguimos trabajos de bajo nivel con salarios de bajo nivel, y nos adaptamos a un estilo de vida moderado. Existe una gran variedad de estilos de vida, y lo que resulta decente para una persona puede ser de lujo o de pobre para otra. Lo que importa es la tasa de ahorro, y con nuestros ingresos nos llegaba para lo que para nosotros era un apartamento decente, un coche decente, ropa decente y comida decente. Todo bien, pero nada lujoso.

A pesar de llevar más de diez años de ingresos crecientes, yo en las finanzas y mi mujer en la sanidad, seguimos más o menos con ese mismo estilo de vida desde entonces. Eso ha hecho que nuestra tasa de ahorro sea cada vez más alta. Prácticamente cada dólar de más ha ido a parar a los ahorros, nuestro "fondo de independencia". Ahora vivimos bastante por debajo de nuestras posibilidades, lo cual no dice mucho de nuestros ingresos, pero sí de nuestra decisión de mantener el estilo de vida que establecimos cuando teníamos veintitantos años.

Si hay una parte del plan financiero de nuestro hogar de la que estoy orgulloso es que fijamos nuestras aspiraciones de estilo de vida muy jóvenes. Nuestra tasa de ahorro es bastante alta, pero rara vez tenemos la impresión de estar siendo frugales en exceso, porque nuestros deseos de tener más no han cambiado mucho. No es que no tengamos aspiraciones, nos gustan las cosas bonitas y vivir con comodidad. Pero dejamos fijado lo que queríamos.

Esto no tiene por qué funcionar para todos, y con nosotros funciona porque los dos estamos de acuerdo de forma equitativa, ninguno de nosotros está transigiendo con el otro. La mayoría de las cosas que más nos gustan (pasear, leer, los podcasts) cuestan poco, así que es raro que nos parezca que nos estamos perdiendo algo. Las pocas veces que cuestiono nuestra tasa de ahorro, pienso en la independencia que consiguieron mis padres por aquellos años de grandes ahorros, y se me pasa enseguida. La independencia es nuestra meta principal. Un beneficio secundario de mantener un estilo de vida por debajo de lo que te puedes permitir está en evitar la rutina psicológica de no ser menos que el vecino. Vivir holgadamente con menos de lo que puedes pagar, sin desear más, elimina una enorme presión social a la que muchas personas del primer mundo se ven sometidas. Según Nassim Taleb, "el verdadero éxito es salirse del estrés cotidiano para dedicarse a las actividades que nos dan tranquilidad". Me gusta esa idea.

Estamos tan comprometidos con la cuestión de la independencia que hemos llegado a hacer cosas que en teoría tienen poco sentido. Somos propietarios de una casa sin hipoteca, que es la peor decisión financiera que hemos tomado, pero también la mejor decisión económica que hemos tomado. Las tasas de interés de las hipotecas eran absurdamente bajas cuando compramos la casa. Cualquier asesor racional recomendaría aprovechar el dinero barato e invertir ahorros adicionales en activos con mayor rendimiento, como las acciones. Pero nuestro objetivo no es ser fríamente racionales, sino psicológicamente razonables.

La sensación de independencia que obtengo de ser los dueños absolutos de nuestra casa supera con creces la consabida ganancia financiera que obtendría al aprovechar nuestros activos con una hipoteca barata. No tener un pago mensual es más satisfactorio que maximizar el valor a largo plazo de nuestros activos. A mí me hace sentir independiente.

No estoy intentando defender esta decisión ante quienes señalan sus pegas, o ante quienes nunca harían lo mismo. En teoría es indefendible. Pero a nosotros nos funciona. Nos gusta. Eso es lo que cuenta. Las buenas decisiones no siempre son racionales. En algún momento hay que elegir entre ser feliz y "tener razón".

También mantenemos un porcentaje más alto de nuestros activos en efectivo de lo que recomendaría la mayoría de los asesores financieros: en torno al 20 por ciento de nuestros activos aparte del valor de nuestra casa. Esto también resulta casi indefendible en teoría, y no se lo recomiendo a otras personas. Solo es lo que a nosotros nos funciona.

Lo tenemos así porque el efectivo es el oxígeno de nuestra independencia y, lo que es más importante, no queremos nunca vernos en la obligación de vender las acciones que tenemos. Queremos que la probabilidad de afrontar un gasto enorme y tener que vender nuestras acciones para cubrirlo sea lo más cercana posible a cero. Quizá lo que nos sucede es que tenemos una tolerancia al riesgo más baja que otras personas.

Pero todo lo que he ido aprendiendo sobre finanzas personales me indica que todo el mundo, sin excepción, tendrá que enfrentarse en algún momento a un gran gasto que no espera, y sin tener nada previsto para estos gastos específicamente porque no se los esperaban. Las pocas personas que conocen los detalles de nuestra economía nos preguntan: "¿Para qué estáis ahorrando? ¿Para una casa? ¿Un barco? ¿Un coche nuevo?". No, para nada de eso. Estoy ahorrando para un mundo donde los imprevistos son más comunes de lo que creemos. No estar obligados a vender acciones para cubrir un gasto también significa que estamos aumentando las probabilidades de permitir que las acciones que poseemos se acumulen durante un periodo de tiempo más largo. Charlie Munger lo supo expresar bien: "La primera regla de la capitalización es no interrumpirla nunca innecesariamente".

Cómo piensa mi familia sobre las inversiones

Empecé mi carrera profesional trabajando como seleccionador de acciones. En aquella época solo teníamos acciones individuales, por lo general de grandes empresas como Berkshire Hathaway y Procter & Gamble, pero también acciones más pequeñas que yo consideraba inversiones de valor profundo. Cuando tenía veintitantos, siempre tenía como unas veinticinco acciones individuales.

No sé qué tal lo hice como seleccionador de acciones. ¿Conseguí batir al mercado? No creo. Como la mayoría de los que lo intentan, no logré una buena puntuación. De cualquier manera, he cambiado de parecer y ahora todas las acciones que tenemos son fondos indexados de bajo coste.

No tengo nada en contra de la selección activa de acciones, ya sea por cuenta propia o dándole el dinero a un gestor de fondos activos. Creo que algunas personas pueden superar los promedios del mercado, pero es algo muy difícil, más de lo que piensa la mayoría.

Si tuviera que resumir mi parecer sobre la inversión, sería así: todo inversor debe elegir la estrategia que tenga las mayores probabilidades de alcanzar con éxito sus metas. Y creo que, para la mayoría de los inversores, la estrategia del promedio del coste en dólares en un fondo indexado de bajo coste brindará las mayores probabilidades de éxito a largo plazo.

Eso no quiere decir que la inversión indexada vaya a funcionar siempre. Ni quiere decir que la selección activa de acciones esté abocada al fracaso. En general, esta industria se ha atrincherado demasiado en un lado o en el otro, sobre todo quienes se oponen vehementemente a la inversión activa.

Batir al mercado tiene que ser difícil; las probabilidades de éxito tienen que ser bajas. Si no fuera así, cualquiera lo haría, y si cualquiera lo consiguiera no habría oportunidades. Así que a nadie puede sorprender que la mayoría de quienes intentan batir al mercado fracase. (Las estadísticas muestran que el 85 por ciento de los gestores activos de gran capitalización no superaron el S&P 500 durante la década que acabó en 2019.)*

Conozco a gente que piensa que es una locura intentar batir al mercado, pero alientan a sus hijos a alcanzar las estrellas e intentar convertirse en atletas profesionales. Sobre gustos no hay nada escrito. La vida va de jugar con las probabilidades, y todos pensamos en las probabilidades de manera un poco diferente.

Con los años llegué a la conclusión de que tendremos una alta probabilidad de alcanzar todos los objetivos financieros de nuestra familia

* B. Pisani, CNBC, 15 de marzo de 2019.

si invertimos dinero constantemente en un fondo indexado de bajo coste durante décadas, y dejamos que el dinero se capitalice solo. Buena parte de esta conclusión proviene de nuestro estilo de vida de gastos frugales. Si puedes lograr todos tus objetivos sin tener que correr el riesgo adicional que implica intentar batir al mercado, entonces, ¿para qué intentarlo siquiera? Puedo permitirme no ser el mejor inversor del mundo, pero no me puedo permitir ser uno malo. Cuando lo pienso de esa manera, la elección de comprar indexados y mantenerlos me parece una obviedad para nuestro caso. Sé que no todo el mundo estará de acuerdo con esa lógica, sobre todo los amigos cuyo trabajo consiste en batir al mercado. Respeto lo que hacen. Pero esto es lo que a nosotros nos funciona.

Invertimos el dinero de nuestros salarios en estos fondos indexados, una combinación de acciones estadounidenses e internacionales. No hay una meta establecida: solo lo que nos queda después de los gastos. Maximizamos los planes de jubilación con los mismos fondos y contribuimos a los planes de ahorro para la universidad de nuestros hijos.

Y ya está. Efectivamente, todo nuestro patrimonio neto es una casa, una cuenta corriente y algunos fondos indexados de Vanguard.

No necesitamos complicarnos más. Me gusta que sea así de sencillo. Una de mis creencias más profundas es que hay poca correlación entre el esfuerzo de inversión y sus resultados. Esto se debe a que el mundo responde a unas pocas variables, que son la causa de la mayoría de los ingresos. No importa cuánto te esfuerces en invertir, no saldrá bien si se te pasan las dos o tres cosas que realmente hacen que funcione tu estrategia. Ocurre lo contrario: las estrategias de inversión simples pueden funcionar muy bien siempre que se plasmen en ellas las pocas cosas que son importantes para el éxito de esa estrategia. Mi estrategia inversora no se basa en seleccionar el sector adecuado ni en sincronizarme con la siguiente recesión. Se basa en una alta tasa de ahorros, en la paciencia y en el optimismo respecto a que la economía global creará valor a lo largo de las próximas décadas. Prácticamente todo el esfuerzo que dedico a la inversión pasa por pensar en esas tres cosas, sobre todo en las dos primeras, que son las que puedo controlar.

Ya he cambiado mi estrategia de inversión antes. Así que, por supuesto, existe la posibilidad de que la cambie de nuevo en el futuro.

No importa cómo ahorramos o invertimos, estoy seguro de que siempre tendremos el objetivo de la independencia y siempre haremos todo lo posible para dormir tranquilos por la noche.

Creemos que ese es el objetivo final: el dominio de la psicología del dinero.

Pero sobre gustos no hay nada escrito. Nadie está loco.

Christine Benz

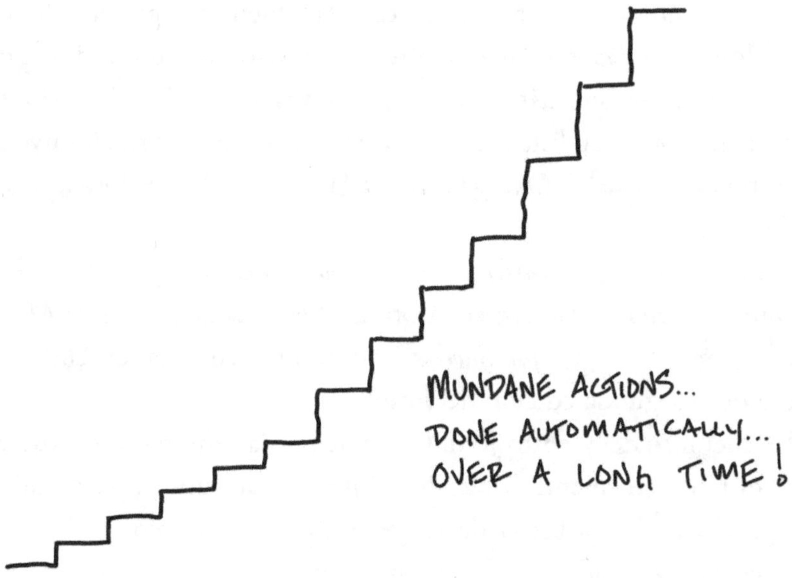

Acciones mundanas… que se hacen de manera automática…
¡durante mucho tiempo!

Christine Benz es directora de finanzas personales de Morningstar y columnista sénior de Morningstar.com. También es copresentadora de un podcast, *The Long View*, que ofrece entrevistas en profundidad con líderes de opinión sobre inversiones y finanzas personales. En 2020, Barron's la incluyó en su lista inaugural de las cien mujeres más influyentes en las finanzas. *Crain's Chicago Business* la nombró Mujer Destacada de las Finanzas en 2019.

Benz es autora de *30-Minute Money Solutions: A Step-by-Step Guide to Managing Your Finances*; coautora de *Morningstar Guide to Mutual Funds: 5-Star Strategies for Success*, superventas en Estados Unidos, y autora de la segunda edición del libro.

Es miembro del Centro John C. Bogle por la Educación Financiera. Benz es también miembro de The Alpha Group, un grupo de líderes de opinión de la industria de la gestión de patrimonio. Trabaja con mujeres desfavorecidas para mejorar su comprensión de los conceptos relacionados con las finanzas personales.

NUNCA SERÉ UNA apasionada de las inversiones.

No me siento cómoda admitiendo esto, ya que he pasado mi carrera profesional en un trabajo donde las inversiones son fundamentales, rodeada de gente que tiene un interés profundo, verdadero y genuino en las inversiones. Tengo colegas que se entusiasman con la investigación de la diferencia de rendimiento entre dos ETF de bonos, y otros a los que nada les gusta más que escuchar a los gestores de fondos mutuos hablar sobre su selección de acciones.

Yo no soy así. Pero lo llevo bien, porque me he dado cuenta de que lo que me apasiona son los inversores, y la mayoría de ellos tampoco son unos apasionados de las inversiones. Más bien, ven las inversiones como un medio para conseguir un fin: una forma de ayudar a pagar la universidad de los hijos o de conseguir una seguridad financiera en la jubilación. Para ellos, hacer bien las cosas importantes —vivir dentro de sus posibilidades, establecer una tasa de ahorro razonable, tener trabajo— será un mayor factor determinante para alcanzar sus metas que sus elecciones de inversión. El camino que seguir es una cartera optimizada, de bajo coste y utilitarista.

Mi marido y yo intentamos gestionar nuestros asuntos financieros de la misma forma, de manera que podamos centrarnos en lo que más nos importa: trabajar en carreras que nos resultan gratificantes; dedicarnos a nuestras pasiones compartidas, como la música, la comida y los viajes; comprometernos con nuestra comunidad; y estar cerca de la familia. Una de mis hermanas tiene una discapacidad intelectual y vive con nosotros parte del año. Velar por su bienestar y felicidad es para nosotros una prioridad clave, sobre todo desde que mis padres fallecieron hace unos años.

Para que todo sea lo más sencillo posible, mantenemos solo unas pocas cuentas, y hemos podido hacerlo en gran parte porque ambos hemos trabajado en las mismas compañías durante más de veinticinco años. (Sí, somos dinosaurios. ¡Ya lo sé!) Cada uno de nosotros tiene un plan de ahorro para la jubilación de la empresa, el 401(k), y luego tenemos nuestros activos sujetos a impuestos y planes individuales de pensiones IRA en Vanguard. También tengo una cuenta de ahorros para gastos médicos (con ventajas fiscales). Y, además, tenemos cuentas corrientes y de ahorro en un antiguo banco de Chicago. Decimos en broma que somos sus peores clientes. Intentamos no tener mucho dinero en esas cuentas, solo lo que necesitamos para financiar los flujos de caja, y no usamos ningún servicio, a menos que cuente como tal cambiar divisas antes de los viajes y usar sus pagos de facturas en línea y cajeros automáticos.

En el plan de pensiones de Morningstar, tengo fondos activos y pasivos, pero sobre todo activos. Mi cuenta es principalmente de acciones. Llevo una cuarta parte de mis aportaciones a cuatro fondos de capital: Vanguard Institutional Index, American Funds Washington Mutual (la *R6 share class*, para los participantes de planes de pensiones, con un ratio de costes del 0,27 por ciento), Vanguard International Growth y Dodge & Cox International. He estado aportando a esos cuatro fondos durante los últimos cinco años o más. Vanguard International Growth es mi posición principal. Creo que tengo ese fondo desde que empecé en Morningstar en 1993. He estado haciendo aportaciones a una cuenta de plan de pensiones tipo Roth 401(k) durante los últimos diez años o así, pero sigo teniendo una buena parte de mi saldo en una cuenta de pensiones 401(k) tradicional. Morningstar añadió hace poco una cláusula que nos permite hacer aportaciones después de impuestos y convertirlas a Roth dentro del plan. Tengo intención de empezar a usar esa herramienta, porque me permitirá obtener más dinero en ese plan, más allá de las aportaciones de la cuenta 401(k) de referencia que se pueden hacer, y también acumular más en la columna de Roth. Es un uso de los fondos más eficiente desde el punto de vista fiscal que invertir en una cuenta imponible.

El plan de pensiones 401(k) de mi marido es en su mayoría pasivo, aunque su exposición a bonos es el fondo PIMPCO Total Return. Tiene un poco más en bonos en la 401(k) que yo, pero no mucho más.

Mantenemos nuestros activos imponibles en Vanguard. Tenemos dinero que entra en piloto automático todos los meses. Solo tenemos unos pocos fondos ahí: Vanguard Primecap Core, Developed Markets Index, Intermediate-Term Tax-Exempt y Tax-Exempt Money Market. Hacemos aportaciones mensuales a todos, pero sumas mayores a los fondos de capital. Estoy segura de que todo podría ser algo más eficiente desde el punto de vista fiscal, sobre todo si utilizáramos un fondo indexado de mercado total o un ETF para nuestra exposición a acciones de Estados Unidos. Pero tenemos Primecap Core en esa cuenta desde que se abrió, así que cambiar esa en particular generaría ganancias de capital. Intento no preocuparme demasiado por temas como este. Las pequeñas cosas son importantes, por supuesto, pero hacer bien lo que importa es lo que hace que los planes salgan bien o no. Tenemos más inversiones seguras en esta cuenta que en ninguna otra, sobre todo porque siempre nos ha parecido que lo correcto es tener nuestros activos más líquidos donde pudiéramos tener acceso a ellos en caso de necesitarlos.

Comenzamos a utilizar la maniobra denominada "backdoor Roth IRA" cuando estuvo disponible en 2010. Cada uno de nosotros financia sus cuentas de plan de pensiones tradicionales todos los años, después las convertimos a Roth. Cuando empezamos con este programa, utilizábamos la herramienta X-Ray de Morningstar para analizar el posicionamiento de nuestra cartera. En esa época nos dimos cuenta de que teníamos poco en valor y acciones extranjeras, por lo que añadimos

Vanguard International Value. Son las únicas participaciones de nuestros dos planes de pensiones. Estamos sujetos a los límites de las cuentas de los planes para nuevas aportaciones, por lo que no son cuentas muy grandes, pero han crecido muy bien desde que comenzamos a financiarlas, y estará genial tener una fuente de fondos en la jubilación que no esté gravada o sujeta a distribuciones mínimas requeridas (como exige la ley fiscal estadounidense).

Asimismo, he estado financiando mi cuenta de ahorros para gastos médicos hasta el máximo permitido desde que Morningstar agregó el plan de atención médica con deducible alto como opción hace unos pocos años. De momento no es una gran cuenta, pero intentamos pagar todos los gastos de atención médica con activos que no sean de la cuenta de gastos médicos para que pueda seguir creciendo. Es increíble lo potentes que pueden ser esas aportaciones continuas y el poco esfuerzo que implican cuando provienen directamente de mi sueldo.

Si todo esto ha funcionado, creo que se debe a unos pocos factores, todos increíblemente mundanos. El primero y más importante es que nunca hemos dejado de trabajar, y eso nos ha permitido también poder ahorrar de forma sistemática. Tenemos casi todas las aportaciones automatizadas, incluidas nuestras aportaciones imponibles, y llevamos haciéndolo así muchos años.

Mi marido y yo también hemos tenido la suerte de estar en sintonía con respecto a las cuestiones de dinero. Él siempre ha sido ahorrador, pero nunca es tacaño con las cosas importantes, y desde el principio me ha influido para que yo fuera igual. El hecho de que estemos de acuerdo en cómo gastamos el dinero es, creo yo, un reflejo del hecho de que compartimos valores similares. Por ejemplo, hace poco le sugerí que ayudáramos económicamente a alguien próximo que lo necesitaba. Estaba un poco nerviosa por hablarlo, temía que pudiera pensar que me pasaba de generosa. Pero su respuesta fue: "Ah, claro que sí. Es lo que deberíamos hacer". Pienso que ser financieramente compatible con tu pareja es un factor muy poco comentado del éxito financiero.

También en la categoría de la suerte, he tenido acciones de Morningstar durante gran parte de mi carrera, y esas acciones han funcionado bien. A lo largo de los años, he tratado de reducir mis posiciones de manera eficiente desde el punto de vista fiscal, pero, objetivamente, mantener una posición centrada en las acciones de mi contratador agrega riesgo a nuestro plan. Tengo algunas acciones de Morningstar Inc. y también tengo unidades accionarias restringidas. Nos reunimos con una empresa fantástica de planificación financiera por horas en la zona de Chicago que tiene mucha experiencia en acciones de empresa, por lo que fueron de gran ayuda para trazar una estrategia sobre cómo reducir la participación sin recibir un gran golpe fiscal.

Otro factor clave que ha funcionado a nuestro favor ha sido que siempre hemos tenido una fuerte inversión en acciones. Los dos sabemos que los mercados se mueven en ciclos, por lo que nunca nos preocupábamos cuando se producían las recesiones normales. De hecho, a menudo tengo que fingir que entiendo que la gente se asuste y se ponga nerviosa durante la volatilidad del mercado. Pero, siendo sincera, no comparto esos sentimientos para nada. Aunque no descartaría que la próxima recesión del mercado me afecte de manera más significativa, porque la última fue hace ya diez años, y ahora somos diez años mayores y estamos más cerca de la jubilación.

Somos propietarios de una casa que nos encanta, pero no la consideramos una inversión. Cuando éramos más jóvenes puede que sí, sobre todo porque pusimos mucho esfuerzo en nuestra primera casa y era divertido ver crecer nuestro capital. Ese capital era un porcentaje bastante grande de nuestro patrimonio neto en aquel entonces. Sin embargo, en esta etapa de la vida, nuestra vivienda es el lugar donde vivimos, no una inversión. Si tuviéramos que mudarnos, es probable que nos gastáramos una cantidad de dinero similar en otra casa, por lo que no pienso en la vivienda como uno de nuestros activos.

Si hemos cometido errores, el problema principal sería que siempre tenemos bastante efectivo dando vueltas en nuestra cuenta imponible, sobre todo por la inercia y porque nunca parece un buen momento para moverlo todo a algo con más potencial de ganancia. Seguramente ha habido un coste de oportunidad ahí, sobre todo porque los réditos del efectivo se han acercado a cero en varios momentos de los últimos años. Por otra parte, saber que tenemos reservas de líquido que podríamos aprovechar en caso de apuro quizá nos da la tranquilidad para ser muy agresivos con nuestras cuentas de jubilación.

Estoy convencida de que el éxito en la vida consiste en encontrar el equilibrio, y creo que mis inversiones lo reflejan.

Brian Portnoy

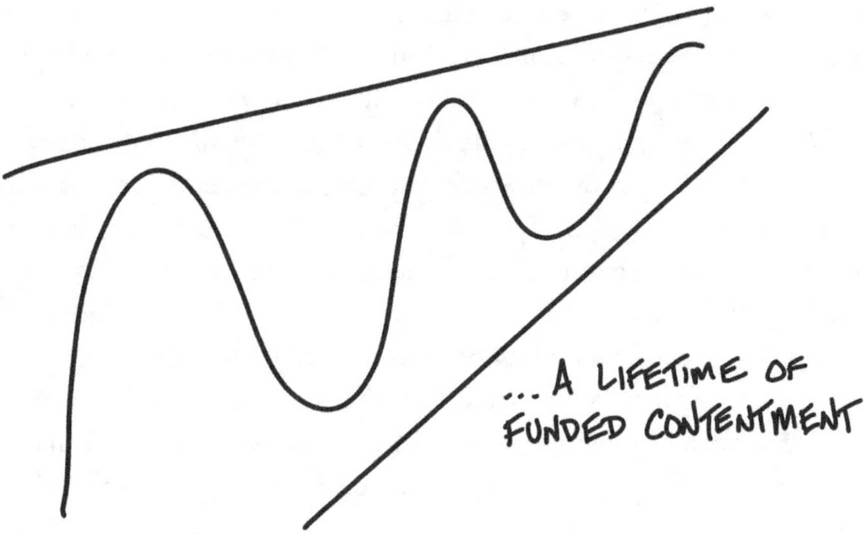

... Una vida de satisfacción financiada.

Brian Portnoy es el fundador de Shaping Wealth, una plataforma de bienestar financiero que interactúa con particulares y organizaciones para tomar mejores decisiones económicas. En sus muy aclamadas dos obras en el campo de las finanzas conductuales, *The Investor's Paradox* y *The Geometry of Wealth*, habla de los retos de llevar a cabo mejores decisiones financieras y entender cómo el dinero encaja en una vida feliz. Ha sido orador principal, director de seminarios y *coach* de miles de inversores en temas que van desde la estrategia de carteras a la conexión entre dinero y felicidad. Portnoy ha trabajado en las industrias de fondos de cobertura y fondos mutuos durante más de dos décadas. Es analista certificado financiero (CFA Charterholder), se doctoró en la Universidad de Chicago y es miembro del consejo asesor de Alliance for Decision Education. Vive en Chicago con su mujer y sus tres hijos.

Mis padres discutían siempre por el dinero. No es que nos faltara. Mi padre ganaba bastante y mi madre sabía gastarlo bien. No parecían llevarse bien por muchas razones, y el dinero servía tanto de tema de conflicto como de moneda de control. Después del divorcio, los problemas por la pensión alimenticia y manutención de los hijos alargaron las desavenencias durante décadas.

Ya en tiempos recientes, a veces me preguntan qué aprendí de mis padres sobre el dinero. La respuesta corta siempre es: nada. La respuesta más larga y complicada es que el dinero es una herramienta que sirve para comprar cosas y hacer daño a los demás.

Sería fácil unir los puntos y concluir que mi carrera actual, centrada en el bienestar financiero, canaliza de alguna manera el dolor de una infancia difícil. Suena bien, pero no es verdad. Mis veinte años de carrera en el mundo del dinero empezaron por casualidad. En el año 2000 dejé el mundo académico y me uní a Morningstar. Estaba arruinado, quería casarme con Tracy (mi mujer desde hace veinte años), no quería estar pasando de un puesto de profesor a otro, y Morningstar contrataba a otros bichos raros como yo que sabían escribir bien y pensaban que los mercados eran interesantes. Cómo he llegado a invertir no es la respuesta a un acertijo freudiano, sino una solución adaptativa a una vida en evolución con las personas que amo y las ideas que atesoro.

Mis pensamientos sobre la vida monetaria —no solo invertir, también ganarlo, gastar, ahorrar, pedir prestado, donar, etcétera— se han fusionado en torno a la noción de "satisfacción financiada". La verdadera riqueza, creo yo, es la capacidad de asegurar una vida que tenga sentido para mí. Esto es muy distinto a ser rico o simplemente tener más. La satisfacción financiada es mi modelo mental para pensar en la vida que quiero llevar y en las de mi esposa y mis tres hijos.

Hago la broma (más o menos) de que debería escribir un libro que se titulara *Ensandwichado* sobre la vida como padre de niños en crecimiento e hijo de padres que envejecen (en alusión a la denominada "generación sándwich"). Enfrentarse a cualquiera de estos retos es complicado. Enfrentarse a los dos es agotador y costoso.

Tenemos algunos objetivos. El primero es llevar una vida cotidiana cómoda con la menor molestia posible, de manera que podamos permitirnos una vida plena: una llena de conexiones profundas, experiencias maravillosas (sobre todo viajar), logros profesionales y cierta sensación de que estamos viviendo por algo más que nosotros mismos.

Luego están los pilares capitales de la universidad y la jubilación. Si Ben, Zach y Sarah van cuatro años a una universidad privada, me quedo sin un millón de dólares. Lo que se necesita para la jubilación es mera conjetura (sí, ya me sé todas las cifras, cálculos, métricas de flujo de caja…, pero, aun así), por lo que estamos maximizando los planes de pensiones 401(k) e IRA.

El tercer objetivo es dejar a los niños sin la carga financiera de tener que cuidar de mí y de Tracy. Ayudar a mantener a mi madre no es nada agradable. Así que me he jurado que no seré una carga financiera para mis hijos en el futuro.

Por último, está mi hermana Cheryl. Tiene una discapacidad del desarrollo con una enfermedad genética llamada síndrome X frágil y siempre necesitará mi ayuda. Es agobiante saber que tendré que cuidarla toda su vida, pero también una fuente profunda de satisfacción saber que voy camino de tener el dinero para hacerlo. Mi padre la ha mantenido durante mucho tiempo, pero, a su debido tiempo, todo dependerá de mí.

Para financiar todo esto, la contabilidad mental es mi gran aliada. Me encanta el argumento de que todos los modelos están equivocados, pero algunos son útiles, ya que refleja el pragmatismo que quiero aportar a la gestión de mi vida financiera. Así que, en primer lugar, como se ha descrito previamente, hay categorías de cosas que necesito asegurar, que van desde grandes pagos únicos como la universidad hasta flujos de caja regulares de por vida, tanto ahora como durante la jubilación. Y luego están los medios para hacer todo eso. Tengo cuatro categorías:

1. Beta gratis
2. Efectivo jugoso
3. Renta empresarial
4. Opciones a largo plazo

Antes de detallarlos, hay que hacer algunos comentarios sobre el estilo de vida. En una vida financiera exitosa, invertir es la parte más fácil, si sabes ir al grano. El quid de la vida monetaria comienza con las otras cosas: primero ganar y después gastar, ahorrar y pedir prestado.

No es falsa modestia decir que ha sido más cuestión de suerte que de haber sabido merodear por el perímetro de la industria de los fondos de cobertura durante mucho tiempo y ganar bastante dinero sobre la marcha. No tengo reparos en aprovecharme de un ecosistema amoral del que podía hacer uso para mis propios fines. En cuanto a los altos ingresos, Tracy y yo hemos sido disciplinados en nuestros gastos, no porque hayamos tenido un presupuesto riguroso, sino porque simplemente no codiciamos artículos caros (coches, joyas, vinos, arte, viajes lujosos) que sí parecen seducir a otras personas. Así, la base de nuestra salud financiera ha sido nuestra disposición a ahorrar y, por lo mismo, una aversión a la deuda. Terminamos de pagar la hipoteca hace un tiempo. Conozco el "margen" de lo que podría haber ganado con ese efectivo. Me da igual. Me encanta no tener una hipoteca, y no tener ninguna otra deuda de la que hablar.

Con los ingresos, gastos, ahorros y préstamos controlados, llega la inversión. Vamos a por mis cuatro categorías.

Beta gratis. Se podría escribir un libro entero sobre por qué seleccionar gestores de fondos "mejores" es una tontería (en realidad yo ya lo escribí), y mi conclusión, veinte años después de haber tenido acceso a los camerinos de los mejores gestores de fondos del mundo es que casi todos nosotros, casi todo el tiempo, deberíamos tener fondos indexados beta con bonos y acciones (o ETF), asignarlos en proporciones razonables y luego pasar a otra cosa. La mayoría de nuestros activos para los estudios universitarios y la jubilación está en el Vanguard Total World Stock ETF (VT). A nueve puntos básicos por año (casi gratis), VT ofrece una exposición de renta variable globalmente diversificada. Si al mercado de valores global le va bien, a nosotros también nos irá bien. No tengo ningún interés en inclinar activamente mi cartera por región, sector u otros factores. Es más difícil que tirar una moneda al aire y acertar. Conozco a muchos gestores de fondos muy ricos que hacen esto para ganarse la vida y tienden a equivocarse. Prefiero leer un libro.

Efectivo jugoso. En teoría, el mayor error inversor que he cometido es tener demasiado efectivo. A veces, más del 25 por ciento de nuestro patrimonio neto total. El cálculo a ojo de lo que podría haber ganado con esa cantidad de efectivo durante diez años en el mercado alcista me revuelve el estómago. Con todo, esto es lo que yo pienso. En primer lugar, mi carrera tiene una beta de mercado altísima. Mi capital humano y mi capital financiero están estrechamente relacionados. Los momentos como el año 2008 pusieron en riesgo mi estabilidad financiera, y la de mi familia. Tengo que tenerlo todo cubierto. He tenido muchos trabajos en las finanzas, de algunos me fui porque quise, de otros no, y la cobertura protege mis pasivos, los del flujo de caja y los emocionales. He dormido bien durante mucho tiempo sabiendo que pasara lo que pasara Tracy y los niños estarían bien durante un buen trecho (años) si mi carrera se hundiera de verdad. De manera más constructiva, he llegado a ver el efectivo como una opción para aprovechar los desajustes del mercado o las oportunidades inesperadas.

La parte "jugosa" es mi esfuerzo por obtener mayores rendimientos en un mundo con tasas cero o casi cero. A diferencia de otros, no he saltado a otros bancos que ofrecen tasas marginalmente más altas. No vale la pena el jaleo que supone por solo unos pocos puntos básicos adicionales. En cambio, he tratado de estacionar mi efectivo en ofertas de bonos municipales a corto plazo con rendimientos gigantescos. Invierto en un pequeño fondo privado (sociedad limitada) que compra lotes impares de bonos municipales con tasas de rendimiento fiscal equivalente superiores al 5 por ciento. Estas oportunidades están ahí si se buscan y los grandes compradores institucionales de bonos municipales no pueden aprovecharlas. Podría decirse que es inversión en bonos, no en efectivo, y eso está muy bien. El fondo tiene liquidez mensual (no diaria), lo que permite a los gestores de carteras administrar el fondo de manera efectiva.

Renta empresarial. Tracy y yo tenemos un par de propiedades inmobiliarias que generan ingresos recurrentes. Me encanta la sensación de ver que el alquiler llega todos los meses. Mi sueño es llegar a un punto, cuando tenga sesenta años, en el que tenga una cantidad sustancial de ingresos estables que cubran con creces nuestro día a día cuando estemos sanos, y nuestras necesidades cuando no.

Además de esas posiciones de duración indefinida, también hemos invertido en préstamos privados de menor duración. Se trata de una extraña mezcla de oportunidades que se derivan de tener acceso a redes de inversores privados. Tienden a ser algún tipo de títulos de deuda convertible, preferente, o sénior con una rentabilidad atractiva por el riesgo y, cuando es posible, con alguna ganancia potencial al final. Por ejemplo, yo formaba parte de un pequeño sindicato que prestó dinero al propietario de una cantera para comprar un nuevo equipo de trituración de rocas. Debido a factores idiosincráticos, no podía obtener financiación bancaria, por lo que un amigo común le diseñó un crédito con un porcentaje de rentabilidad de alrededor del 15 por ciento. También tengo varias posiciones de deuda sénior en edificios arrendados principalmente por organismos públicos. De nuevo, por razones idiosincráticas, estoy ganando cantidades de casi dos dígitos con mis préstamos, y tengo además algo de ventaja en el valor de los edificios si se vendieran en los próximos años. Para todo esto, la clave es el acceso. Hay mucho que aprender sobre cómo el capital social se transforma en capital financiero.

Opciones a largo plazo. Esta categoría es la de inversiones ángel y de capital riesgo inciertas. Hasta la fecha, he tenido o sigo teniendo participaciones en algunas empresas muy pequeñas que espero que triunfen. Algunas lo han conseguido, entre ellas una productora de *whisky* artesanal que se vendió a un conglomerado de marcas de licores. Lo mismo sucedió con un operador de cannabis medicinal. Otras ya son ceros o son zombis a las puertas del cero (qué sensación tan horrible). Pero la mayoría están vivitas y coleando. Por ejemplo, una amiga muy querida fundó una empresa genial que brinda servicios de meditación a clientes corporativos. Invertí 25.000 dólares porque apoyo lo que hace. Lo está petando, pero, aunque fracasara, sé que he estado apoyando a mi amiga. Por lo general, si unas pocas de estas triunfan, yo ganaré "mucho" dinero. La cifra real es mera suposición y vincular mi plan financiero a una de ellas sería muy ingenuo. Es una lotería.

En conclusión, el dinero puede trabajar tanto a favor del caos como para el control. Sé por mi trabajo diario que la parte del control es esquiva, y que jugar con las probabilidades es lo mejor que podemos hacer. Hay muchas cosas que pueden salir mal en lo que he estado comentando y ni una simulación Montecarlo es capaz de captarlo, ya que gran parte de lo negativo es una cuestión personal, no estadística. Financiar la satisfacción, por lo que parece, no es una "cifra" que haya que conseguir o una etapa que haya que alcanzar, sino una búsqueda constante para permitirnos lo que de verdad importa.

Joshua Brown

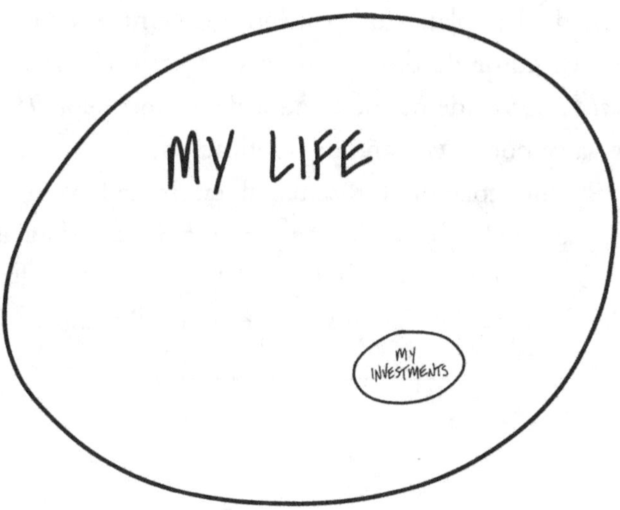

Mi vida - Mis inversiones

"Downtown" Josh Brown es cofundador y CEO de Ritholtz Wealth Management, que gestiona más de 1.300 millones de dólares de inversores individuales, planes de pensiones de empresas, dotaciones y fundaciones. Es autor de dos libros, *Backstage Wall Street* y *Clash of the Financial Pundits*, además de creador del exitoso blog *The Reformed Broker*, que ya va por su 12.º año de publicación.

Brown ha sido colaborador semanal en la cadena de televisión CNBC a lo largo de la última década y es una de las personas con mayor número de seguidores en las redes sociales de toda la industria. Vive en Long Island, Nueva York, con su mujer y sus dos hijos.

¿Cómo invierto mi propio dinero? En pocas palabras, soy una mezcla de activos y pasivos, una mezcla de fondos mutuos, valores individuales y ETF, una mezcla de activos cotizados y no cotizados.

Lo que no cambia es que casi todo lo que hago es con vistas al largo plazo. No hago negociación intradía o *swing trading*, porque se me da mal y tengo la impresión de que son actividades que requieren una dedicación a tiempo completo. No me quiero comprometer con ningún estilo de inversión que requiera todo el día mi atención porque ya estoy construyendo y dirigiendo una empresa. Mi prioridad es mi empresa, mis clientes y mis empleados. Así que cuando invierto en algo, mi intención suele ser mantenerlo.

Lo primero es lo primero: la mayor parte de mi patrimonio neto está en mi casa, sin hipoteca. Hemos estado gastando dinero en remodelaciones los últimos años, no por sacar beneficio, sino porque tenemos la intención de vivir ahí siempre. Por tanto, se trata más de una inversión psíquica que financiera. Me encanta mi hogar y no tengo intención de venderlo. Lo hemos renovado y decorado para nosotros y nuestra propia felicidad. Si vendiera la casa hoy, podría haber una ganancia, porque la gente está huyendo de Nueva York y haciendo ofertas millonarias por teléfono a brókeres por viviendas en mi ciudad, pero entonces tendría que comprar algo por un precio más alto. ¿Para qué?

Mi otra gran inversión es el treinta y tantos por ciento que tengo de Ritholtz Wealth Management (RWM). Hicimos una dilución el año pasado para facilitar la compra de la primera ola de socios de capital. Nuestra intención es que sea propiedad de los empleados y solo tomar decisiones que beneficien a nuestros clientes y empleados-socios en el futuro. La empresa es autosuficiente desde el primer día: sin capital privado, sin deuda, sin inversores externos. Para nosotros esto es importante desde un punto de vista estratégico y emocional.

Mi plan de pensiones 401(k) está invertido exactamente en el mismo modelo de asignación de activos que utilizamos con nuestros clientes. Tengo los mismos fondos, y en las mismas proporciones, que mis clientes con una tolerancia al riesgo comparable. Estoy en un modelo de "todo acciones" porque soy relativamente joven, puedo asumir riesgos y no accederé a ese capital hasta por lo menos otros veinticinco años.

Todos los empleados de Ritholtz Wealth también invierten en los mismos modelos de asignación de activos que nuestros clientes. Fue una decisión muy importante que tomamos desde el principio. Nosotros somos los primeros que utilizamos los productos que vendemos con nuestras propias cuentas de pensiones personales. Considero que la combinación de mi plan de pensiones 401(k) invertido con las estrategias de nuestros clientes junto con mi participación accionaria en la empresa es mi "dinero real". He hecho la apuesta de mi vida en nuestro asesoramiento y en nuestra empresa.

Tengo un plan de pensiones SEP IRA y algunos fondos transferidos de empresas donde trabajé antes. Utilizo los beneficios de impuestos diferidos de esas cuentas para mantener acciones individuales, junto con algunos de los ETF que mis amigos han ido lanzando a lo largo de los años. Son fondos que no forman parte de las estrategias de nuestros clientes. Creo que hay que apoyar a los amigos cuando lanzan cosas. No me importa que ellos gestionen una parte de mi dinero y nunca los juzgo según el índice S&P 500. Sencillamente me da igual. Ya tengo bastante invertido en los indexados de Vanguard e iShares.

The Wall Street Journal publicó un reportaje sobre las inversiones personales de Jack Bogle. El hijo de Bogle había gestionado fondos de cobertura y actualmente lleva fondos activos de pequeña capitalización, que se venden por muchísimo más que los fondos indexados en Vanguard. Jack, el padrino de la inversión pasiva, invirtió en los fondos activos del hijo.

Me admira su explicación para estas inversiones:

> "Pero Jack Bogle, implacable defensor de las tarifas bajas, se burla de la prosperidad de su hijo".
>
> "Me río bastante de él", dice Bogle. La empresa de su hijo gestiona unos 1.100 millones de dólares y su fondo de inversión de pequeña capitalización cobra unas tarifas anuales del 1,35 por ciento, mucho más alto que el 0,24 por ciento de un fondo indexado de Vanguard que rastrea acciones similares, pero está en el promedio de los gestores activos que ofrecen servicios parecidos.
>
> John Bogle tiene una respuesta preparada: está ganando dinero para los clientes y para sí mismo. "¿Qué tiene eso de malo?", contestó una vez.
>
> Este año el fondo de John Bogle ha generado rendimientos totales del 40 por ciento..., según Morningstar, en comparación con el 35 por ciento del Russell 2000 y el 34 por ciento del fondo Vanguard similar, según Morningstar.
>
> Hasta su padre saca beneficios. Es inversor en el fondo de pequeña capitalización. "Llegamos aquí de manera muy diferente, pero acabamos muy cerca del mismo lugar", dice Bogle padre. "Ha hecho lo que ha hecho muy bien... ¿Funcionará siempre? No lo sé, pero no apostaré en su contra".
>
> De hecho, la participación del mayor de los Bogle en el fondo de inversión de su hijo es una de sus pocas inversiones no indexadas. "Hacemos algunas cosas por motivos familiares —afirma—. Y si no es congruente, bueno, la vida no siempre es congruente."

Así es. La vida no siempre es congruente.

Yo tengo también más de veinte acciones individuales. En su mayoría, empresas de las que soy admirador, usuario y cliente de sus productos y servicios. JP Morgan, Slack, Starbucks, Shake Shack, Apple, Amazon, Google, Verizon, Uber, etcétera. Estas las compro y no las vendo. Voy añadiendo más cuando se presenta la oportunidad. Reinvierto automáticamente los dividendos. Cuando pago la factura de teléfono móvil de Verizon o la de cable de Fios, me sonrío sabiendo que estoy contribuyendo a mi propia empresa. Es un truco mental que he desarrollado para evitar rescatarlas cuando los mercados se ponen difíciles.

Otra ventaja de los planes de pensiones IRA es que no pago impuestos sobre distribuciones de REIT [Real Estate Investment Trust, por sus siglas en inglés, Fondos de Inversión Inmobiliaria], que normalmente me afectarían como ingresos ordinarios. Así que he estado construyendo una posición en STORE Capital, Invitation Homes y Prologis, tres de mis preferidas, reinvirtiendo los dividendos. Espero que bajen para que cuando consiga una distribución pueda comprar más acciones a un precio menor. Un amigo mío que es un importante constructor de Long Island me convenció de que no comprara inmuebles por mi cuenta o en el mercado privado. Me explicó lo inútil que sería para alguien como yo hacer algo así por pasatiempo, o con cantidades de dinero más pequeñas que las manejadas por los verdaderos actores del mercado. Sus argumentos fueron convincentes, así que recurrí a los REIT en vez de dejar que los profesionales y constructores se rieran de mí en el mercado inmobiliario comercial.

No compro acciones individuales porque creo que voy a generar alfa. Me encantan las acciones, de siempre, desde que tenía veinte años. Y es mi dinero, y hago lo que quiero con él. *La vida no siempre es congruente.*

Hice los planes 529 para los estudios universitarios de mis hijos con el estado de Nueva York, que son fondos indexados de Vanguard. Sus abuelos financiaron casi todo lo que hay ahí desde que nacieron, y nosotros seguimos añadiendo todos los años. Puede que mire el extracto de la cuenta cada tres años o así, ja, ja. Tengo que buscar cómo iniciar sesión y mirarlo, no tengo ni idea. Mejor. Mi hijo mayor no irá a la universidad hasta dentro de cuatro años más.

Por último, con el dinero sujeto a impuestos que queda, financiamos la cuenta Liftoff, que está pensada para cuando los niños sean mayores. Liftoff es una plataforma de gestión de activos automatizada que RWM creó en colaboración con Betterment. No hay un mínimo y es una manera de ayudar a los inversores más jóvenes que están ya en el proceso de acumulación de riqueza.

Tengo que equilibrar la necesidad de ahorrar dinero para cuando mis hijos sean mayores con el deseo de hacer cosas para ellos ahora, como las vacaciones familiares. No podemos hacerlo todo, por lo que hay muchas conversaciones en marcha sobre el valor de las experiencias de hoy frente a tener activos mañana. Mi esposa y yo le pedimos a mi socio y cofundador de la empresa, Kris Venne, que nos hiciera un plan financiero hace unos años, y nos ayudó mucho a tomar estas decisiones. Así que no solo invierto junto a mis clientes, sino que también recibo el mismo asesoramiento de planificación financiera que ellos.

Más allá de estas inversiones tradicionales, soy inversor de un pequeño grupo de nuevas empresas en las que creo. Tengo acciones de Vestwell, Digital Assets Data Corporation y Riskalyze, y soy miembro del consejo asesor de las tres. Nos encanta su software y lo utilizamos en nuestro trabajo. Me enorgullece estar asociado con los fundadores, como Aaron Schumm, Mike Alfred y Aaron Klein, y todo lo que han construido. Tengo una pequeña participación en la red social StockTwits, que me mantiene al tanto de lo que sucede en la activa comunidad de agentes e inversores.

Me ofrecen con frecuencia acciones de empresas emergentes *fintech* con la expectativa de que use mi fama para ayudar a poner a la empresa en el mapa. Les digo siempre: “No, gracias”. Prefiero estar involucrado con empresas cuyos productos o servicios utilizo de verdad. En este mundo no hay nada que sea “gratis”, y que te ofrezcan acciones de una *fintech* es más de lo mismo. Puede que no quieran mi dinero, pero sin duda quieren mi tiempo o mi influencia o alguna otra cosa que no quiero dar.

Comencé a invertir ocasionalmente en empresas emergentes antes de la salida a bolsa con la plataforma EquityZen este año. EquityZen crea un nuevo fondo cada año y compra acciones en empresas emergentes privadas, respaldadas por capital riesgo, que considera que pueden tener un futuro brillante. Dos incorporaciones recientes al fondo son Unity Technologies e Instacart. Es difícil saber qué nuevas empresas serán los gigantes tecnológicos del mañana y cuáles desaparecerán, por lo que el enfoque de conjunto de EquityZen para mí tiene sentido. No tengo el tiempo, la atención, la experiencia o el capital necesarios para hacer este tipo de inversiones directamente.

Una importante lección de vida que he aprendido a lo largo de los años es no discutir nunca los méritos de mi propia cartera con nadie. Siempre habrá quien critique cómo invierten los demás y en qué invierten, pero esas críticas suelen ser producto de la inseguridad y la duda. Si tienes confianza en lo que estás haciendo, lo último que te preocupa es lo que están haciendo los demás. Y cuando la gente no está de acuerdo contigo sobre unas acciones o una apuesta sectorial, hay una manera muy sencilla de arreglar el conflicto: el tiempo. Si tú eres tan inteligente y yo tan tonto, ganarás mucho dinero apostando en mi contra. O no. Ya veremos lo que ocurre. Preocúpate tú de tu cartera y yo me centraré en la mía.

Nunca me verás tomando parte en discusiones públicas con inversores sobre sus participaciones, porque no podría importarme menos lo que piensen los demás. Tienes que llegar a ese punto lo antes que puedas. Los foros de finanzas son un vertedero de desechos tóxicos. Hay que evitar esos espacios de discusión en línea donde las diferencias sobre estilos de inversión se convierten en ataques personales. Hay gente que utiliza estos foros para insultar y sentirse mejor. Nadie te obliga a estar ahí y participar. Conozco a miles de profesionales de esta industria. Ninguno se comporta así.

Mi asignación de activos y mis apuestas externas solo tienen sentido para mí, al igual que tu cartera debería tener sentido solo para ti. No existe tal cosa como una cartera única para todas las personas, porque todos tenemos horizontes temporales, factores de riesgo, deseos y necesidades, y detonantes emocionales diferentes. Yo descubrí lo que me funciona, pero después de tantear mucho durante los últimos veinte años. Y de muchos errores.

Un asesor cualificado no es solo alguien que sabe de inversiones, es alguien que conoce a sus clientes lo suficientemente bien como para saber qué combinación de inversiones funcionará para cada persona. Siendo mi propio asesor, he aprendido a diferenciar entre lo que funciona para otras personas y lo que me funciona a mí personalmente.

Bob Seawright

Por qué - Cómo

Robert P. Seawright es director de inversiones de Madison Avenue Securities, LLC, una empresa de asesoría financiera especializada, y corredor de bolsa en San Diego, California, donde vive con su esposa Ginny, maestra de quinto curso de educación primaria. Tiene tres hijos mayores y ocho nietos. Tiene títulos de la Universidad Estatal de Nueva York y de la Universidad Duke.

La muerte y su 89.º cumpleaños luchaban por hacerse con el control mientras Mimi yacía en una cama de la tercera planta de un gris hospital del norte de Jersey un frío día de enero. No importaba quién ganara. Mimi iba a perder, y pronto, pasara lo que pasara.

Había vivido veinte años sin el abuelo, gran parte de ese tiempo con problemas de salud y ceguera. Mimi estaba lista para marcharse.

La familia guardaba vigilia a su lado. Como testimonio de su vida y legado, la habitación de Mimi estaba repleta con la presencia de sus cuatro hijos, diez nietos y ocho bisnietos, incluidos mi esposa Ginny, nuestros hijos y nuestros nietos.

Se cantaron canciones, se contaron chistes y viejas historias, y se compartieron recuerdos una vez más. Hubo felicitaciones de cumpleaños en silencio. Aunque (y porque) Mimi no se daba cuenta de todo, muchas veces se giraban las cabezas para ocultar los rostros húmedos y regados de lágrimas.

Era la hora.

Observé a los nietos de Mimi y cómo la trataban. Los escuché. Sufrí con ellos y por ellos. En lo que todos los recuerdos coincidían era en la gratitud por haber podido pasar los veranos en la casita de Mimi en las montañas Adirondack de Nueva York.

Ginny visitó por primera vez las Adirondacks estando en el vientre de Mimi y desde entonces ha regresado todos los veranos.

Cuando ella y el abuelo compraron la casa en 1980, Mimi tenía claro que lo hacían con el propósito expreso de pasar más tiempo en una zona que encantaba a la familia y que les proporcionaría un lugar para reunir a sus hijos y (futuros) nietos. Se convirtió en el retiro familiar.

Nuestros hijos han pasado allí todos los veranos o parte de ellos. Por allí pasearon. Nadaron. Jugaron al *tetherball.* Navegaron en canoa. Hicieron esquí acuático. Cuando eran adolescentes, tuvieron sus primeros trabajos de verano allí. Nuestra hija conoció a su marido allí.

Y quizá lo más importante: pasamos tiempo en la casita. Hubo muchas conversaciones, se inculcaron valores (de la mejor manera, sin que los niños se dieran cuenta), se aprendió mucho, se repararon algunas relaciones, se construyeron recuerdos. Invertimos los unos en los otros.

La casita es un punto de apoyo familiar notable. Los alrededores eran y siguen siendo el lugar favorito de nuestros hijos, y les han transmitido ese amor a sus propios hijos. El legado de Mimi es más grande y profundo que la casa, claro, pero está inextricablemente unido a ella.

La casa fue una gran inversión. Fue una herramienta de Mimi para reunir y mantener unida a la familia. Cumplió su cometido.

En el mundo financiero dedicamos enormes cantidades de dinero a considerar cómo debemos invertir nosotros (y nuestros clientes). Deberíamos pasar más tiempo del que solemos pensando y recordando por qué invertimos. Ahorramos e invertimos para el futuro, obviamente, pero cómo queremos que sea ese futuro depende de nuestros "porqués": lo que hemos definido son los propósitos por los que elegimos vivir.

Estoy seguro de que todos los colaboradores de este libro ofrecen estrategias similares de inversión y planificación financiera que incluyen, sin ningún orden particular: sencillez; ahorro agresivo; un estilo de vida equilibrado; diversificación; bajos costes; una asignación sensata de activos congruente con los objetivos; la capacidad de riesgo y la tolerancia al riesgo de cada cual; ubicación inteligente de activos; planificación y gestión cuidadosa de impuestos/patrimonio; y centrarse en el poder del interés compuesto. Yo también, y todo es importante.* Pero los porqués son más importantes.

Los propósitos de cada persona proporcionan la base sobre la cual se construye el plan financiero. Un buen plan financiero está diseñado para proporcionar los medios y la financiación para vivir la vida plenamente.

Por lo general a los humanos les falta más coraje que genio, y, sobre todo, persistencia. En consecuencia, no abandonar nuestros planes financieros es a menudo más difícil que crear e implementar uno bueno. Insistir en la consideración y articulación de nuestros propósitos puede ayudarnos a conseguirlo. Imaginarnos al final de nuestra vida, como Mimi en la cama del hospital, recordando las alegrías, luchas y decisiones de la vida, puede impulsarnos hacia elecciones mejores y con más calado.

* Aquí dejo algunos detalles sobre cómo Ginny y yo invertimos nuestro dinero. Como ella es maestra, tiene un plan de pensiones 403(b) y una buena pensión. Yo tengo un plan 401(k) y tenemos una cuenta de inversión conjunta. Invertimos en fondos diversificados globalmente y de bajo coste, utilizamos vehículos financieros Roth en la medida de lo posible (en parte porque creemos que los impuestos serán más altos más adelante, pero sobre todo porque nos gusta la idea de eliminar las obligaciones fiscales). No tenemos acciones individuales ni derivados. Reequilibramos automáticamente. Sobreponderamos las acciones extranjeras por los mejores valores disponibles allí, pero reconocemos que esta apuesta puede no dar resultado. Como intentamos vivir con sencillez, y como la pensión de Ginny y mi seguro social cubrirán nuestros gastos durante la jubilación, tenemos una exposición mucho menor a los bonos de los que se espera en personas de nuestra edad. Si no contásemos con esos flujos de ingresos de jubilación, usaríamos un seguro de rentas para tener ingresos garantizados. Como somos inversores a largo plazo, solo miro el estado de nuestras cuentas dos veces al año, lo que también proporciona gestión personal de la volatilidad. Si me entran ganas de hacer operaciones, miro valores fuera de lo común que a las instituciones no les interesan, de pequeño tamaño, como fondos cerrados con empresas con las que me gusta operar con grandes descuentos para el valor liquidativo neto, o lotes impares de bonos municipales. También tenemos valores creados por personas como Perth Tolle, Jack Vogel, Wes Gray (Alpha Architects) y Jeremy Schwartz (WisdomTree), en parte porque creo en las tesis de inversión de los productos, pero también porque son amigos míos.

Nuestros sistemas de toma de decisiones están predeterminados para obtener recompensas tangibles e inmediatas, lo que significa que tenemos tendencia a no valorar bien o ignorar inversiones en iniciativas intangibles a más largo plazo. Es fácil perder de vista nuestros propósitos mientras la vida va pasando.

Todo el mundo pasa apuros. Algunos apuros y dificultades son fruto del azar y están fuera de nuestro control, otros surgen por tomar malas decisiones y no planificarse bien. Teniendo iniciativa con una buena planificación, podemos tener mejores oportunidades y buscar mejores resultados.

Muchas veces hay un abismo entre la vida que la gente dice querer y la vida que vive, y ese abismo es habitualmente autoinfligido. Si tu matrimonio, tu vida familiar o tus relaciones en general no son lo que deseas que sean, a menudo se debe a que las prioridades no están en el lugar adecuado. No tienes los propósitos en orden.

Centrarse en los propósitos significa que no puede haber planes financieros ni de vida válidos para todos. Ginny tuvo una experiencia universitaria maravillosa. Mis padres no pudieron mandarme a estudiar a la universidad. Estos hechos del pasado influyeron en nuestras elecciones como padres.

Cuando nuestros hijos ya tenían edad para ir a la universidad, facilitarles la educación era una enorme prioridad para Ginny y para mí, si bien por razones distintas. Cuesta mucho dinero, un dinero que muchos excelentes planificadores financieros dicen que sería mejor gastar en planes de pensiones. Sin embargo, para nosotros era más importante pagarles la universidad y que pudieran graduarse sin deudas.* Como habíamos considerado nuestros porqués, aceptamos de buena

* Muchos *millennials* tienen dificultades para financiarse el futuro mientras pagan el pasado. El gasto en educación, en gran parte deuda de préstamos estudiantiles, se ha convertido en el principal disruptor financiero entre los estadounidenses. Por increíble que parezca, el 16 por ciento de los *millennials* tiene una deuda de 50.000 dólares o más.

gana el riesgo de tener que trabajar más tiempo y tener menos durante la jubilación.

Mimi murió dos días después de su cumpleaños. Vivió con ganas de amar y ser amada; después solo queda ser amada y recordada. Esos cariñosos recuerdos son su mejor legado. La casa de Mimi sigue en la familia. Como ya no cabemos todos, Ginny y yo compramos una a cinco minutos ese mismo otoño.

Dado que vivimos al sur de California y hemos sido propietarios de nuestra casa durante los veinticinco años que hemos vivido allí, el inmueble ya está sobreponderado. La "nueva" casa de campo se suma a la sobreponderación. Los impuestos a la propiedad son altos. La casa requiere un mantenimiento importante porque los inviernos son duros y los edificios están viejos. Solo se puede usar en verano y en la práctica no se puede mejorar para poder usarla todo el año. De hacerlo, nos convertiríamos en residentes locales a efectos del impuesto sobre la renta estatal sin compensación por los impuestos pagados en nuestro estado de residencia real, porque la casa se consideraría un "lugar de residencia permanente" de conformidad con la ley de Nueva York, sin tener en cuenta el poco tiempo que podríamos pasar allí.

Es una inversión pésima.

Ginny pasará seis semanas con nuestros nietos en la nueva casita este verano. Sus padres y yo también estaremos muchos días allí. Jugarán en el lago y en la arena. Saltarán al agua desde el muelle y la balsa. Remarán en las canoas, harán esquí acuático, pícnics, recogerán arándanos y comerán muchas golosinas. Pondremos un poste para jugar al *tetherball*. Habrá dicha, amor y diversión a raudales. Pasarán el mejor verano de sus vidas... hasta el verano siguiente.

Es la inversión financiera más importante que haremos jamás.

Cuando tenía 17 años y estaba en el último año de secundaria, a punto de ir a las Adirondacks por primera vez y conocer al amor de mi vida, Harry Chapin tuvo un gran éxito con su inquietante historia hecha canción, "Cat's in the Cradle". La letra de Chapin habla de cómo su hijo quiere pasar tiempo con él y busca su atención sin conseguirlo, y luego pasa a un presente donde es él quien quiere pasar tiempo con su hijo y no puede.

Y al colgar el teléfono se me ocurrió
que había crecido como yo.
Mi chico era como yo.

Y el gato está en la cuna y la cuchara de plata.
El niño pequeño azul y el hombre en la luna.
¿Cuándo vuelves a casa, hijo?
No sé cuándo, pero cuando vuelva estaremos juntos, papá.
Entonces, lo pasaremos bien.

Chapin admitía que la canción le daba pavor. A mí, también. Ese miedo es parte del por qué compramos la casa. Pero había más amor que miedo.

Al igual que en el interés compuesto, el éxito es secuencial. Lleva tiempo que las buenas opciones sumen antes de que exploten exponencialmente. Las mejores cosas de la vida brindan beneficios que experimentan un crecimiento compuesto. Eso es lo que hacen nuestras inversiones financieras, igual que nuestras inversiones personales y familiares.

La generosidad y el servicio producen ganancias compuestas. Lo mismo que llevar una vida saludable y la educación. No hay ningún *compounder* como el amor.

Centra tus objetivos ahí.

No tenemos el control completo de nuestro destino ni de nuestro legado. Pero si invertimos bien, en lo financiero y en lo demás, nuestro legado puede tener una gran profundidad.

Mimi tenía sus porqués en orden. Ella y el abuelo sabían lo que era importante e invirtieron para hacer realidad esos propósitos. Ginny y yo estamos intentando hacer lo mismo.

De igual manera que las inversiones necesitan índices de referencia, nuestras vidas también. No importa lo que digamos, demostramos qué es lo que amamos según cómo invertimos nuestro tiempo, talento y riqueza. Revelamos nuestros porqués con nuestro amor. Nuestros objetivos generan índices de referencia.

Ginny y yo hemos intentado averiguar cómo queremos amar y vivir, y cómo queremos que se nos recuerde. Queremos vivir plenamente. Espero que vosotros también.

Carolyn McClanahan

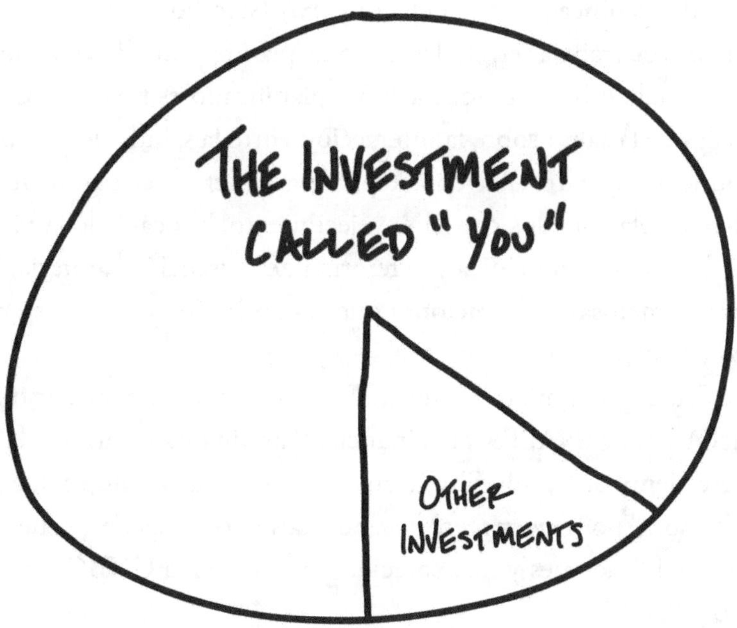

Esa inversión llamada "tú" – Otras inversiones

Carolyn McClanahan es médica y planificadora financiera certificada (CFP®). Es fundadora de Life Planning Partners, Inc., una empresa integral de planificación financiera *fee-only* (solo honorarios).

Además de trabajar en su despacho de planificación de vida financiera, McClanahan imparte formación a planificadores financieros y profesionales de la salud sobre la interacción entre la salud y los problemas económicos, en particular con respecto a poder tener seguro médico, problemas relacionados con el envejecimiento, el ocaso de la vida, los costes de la atención médica y la reforma de la atención sanitaria. Escribe para numerosas publicaciones que tratan las intersecciones entre el dinero y la medicina.

McClanahan es miembro de la National Association of Personal Financial Advisors (NAPFA), la Financial Planning Association y la American Academy of Family Physicians. Fue nombrada "Mujer que seguir e innovadora" por *InvestmentNews*. Se cita su nombre con frecuencia en muchas publicaciones y ha aparecido también en la CNBC, Hardball, AC360 y la NPR.

No aprendí lo que es invertir y ahorrar hasta mis veintimuchos. Nuestra familia no tenía dinero para inversiones. Pero, por suerte, me enseñaron a invertir en mí misma.

Mi padre y mi madre eran personas de clase trabajadora que no tuvieron educación secundaria. La red de seguridad de mi padre era una pequeña pensión de la Marina que comenzó cuando tenía 38 años, cuando yo solo tenía 6. Su otra carrera profesional como panadero implicaba trabajar 364 noches al año en su propia tienda de dónuts.

Nunca pasamos hambre y nunca tuve la impresión de que fuéramos pobres. Las únicas conversaciones que manteníamos sobre dinero eran por temas de presupuesto: no se puede gastar más de lo que ganas. Y dejaron claro que mis hermanas y yo tendríamos que buscarnos la vida cuando cumpliéramos los 18, ya fuera casándonos, alistándonos en el ejército o yendo a la universidad.

Un regalo que me hicieron mis padres fue poder ganar dinero desde muy joven. Mi padre me pagaba por trabajar en la tienda de dónuts, y mi yo de 7 años se sentaba en un taburete a esperar a los clientes. Aprendí a hacer cálculos mentales y sorprendía a los clientes con lo rápido que era capaz de sumar el precio de los dónuts. Me daban buenas propinas y me llamaban "la Calculadora Humana". No ahorraba nada de ese dinero, todo se fue en las frivolidades de la juventud que mis padres no podían pagarme.

Otro regalo que me hizo mi familia desde el principio fue el placer de la lectura. Por eso me fue bien en el colegio y los profesores me decían que era lo bastante lista como para ir a la universidad. Por suerte, conseguí una beca de estudios completa para la Universidad de Misisipi para Mujeres. Asistir a esa institución fue una de las decisiones más inteligentes de mi vida. Mi familia me mandaba dinero para gastos personales, y tuve varios trabajos para tener algo más. No ahorraba ni un centavo, claro.

La admisión en la facultad de Medicina fue un gran problema y tuve que buscar la manera de pagarla. De repente, me dieron una beca completa para el primer año. ¿Por qué? El Servicio Nacional de Salud otorgaba becas a los chicos y chicas más pobres de la clase y yo entraba en ese grupo. ¡Vaya! No sabía que éramos tan pobres.

En la residencia, a principios de la década de 1990, fue cuando aprendí a invertir. Todo el mundo estaba con los "valores estrella" e intentando batir al mercado. Yo hice unas pequeñas inversiones en una cuenta IRA y me uní a la lucha de los seleccionadores de valores. Leí a Peter Lynch, Value Line y todo lo que me diera tiempo.

Conocí a mi futuro marido en 1996. Era ingeniero e hijo único. Sus padres habían fallecido recientemente y había recibido una herencia. No era suficiente para que un ingeniero de 35 años se jubilara, pero era bastante como para darle flexibilidad. Le ayudé a invertir ese dinero y lo hicimos bien. Yo sabía muy poco, la verdad es que tuvimos suerte.

En 1999 creía que ya lo sabía todo. Además de trabajar en urgencias médicas, hacía negociación intradía. No aguanté mucho tiempo: tratar ataques de corazón y a gente muriéndose era mucho menos estresante que la negociación intradía. Perdí una buena cantidad de dinero, pero por suerte no fue tanto como para poner en riesgo el dinero de mi marido. Y pagamos la hipoteca, así que fue una buena red de seguridad y una disminución de la pérdida de efectivo.

Fue en el año 2000 cuando mi marido y yo buscamos un planificador financiero. Queríamos asegurarnos de que iba a tener dinero suficiente como para no volver más a la ingeniería: lo que quería era ser entrenador de atletismo y fotógrafo. Yo era feliz ejerciendo la medicina y no quería mantenerlo a él. Nuestra meta era encontrar a alguien que nos dijera si esto era posible.

Todos los asesores con los que nos entrevistamos estaban únicamente interesados en inversiones y productos de alto precio. No hacían planificación financiera de verdad. Fue entonces cuando volví a los estudios por placer para aprender planificación financiera y me enamoré de todo esto. ¿Un agradable efecto secundario? Me di cuenta de que el factor determinante más importante de todos para la independencia financiera no es cuánto ahorras, sino cuánto gastas.

En 2002 reduje mi jornada médica a parcial para estudiar más sobre planificación financiera y tantearla como carrera profesional. Mi marido y yo también eliminamos todos los gastos derrochadores y pudimos vivir sin problemas con mis ingresos de media jornada sin tocar su montón de dinero. Esto me permitió comenzar mi trabajo de planificación financiera en 2004. En 2005 dejé de ejercer la medicina por dinero.

Esos primeros años de ejercicio fueron austeros. Quería aprender a ser una gran planificadora financiera y reinvertir en mi negocio. Seguimos viviendo bien y frugalmente, y hasta la fecha nuestro gasto gira en torno a lo que valoramos en la vida: las experiencias, las obras benéficas y la comodidad. No hacemos mucho desembolso en bienes de consumo, así que no tenemos los costes de mantenimiento de artilugios caros ni inmuebles.

Me encanta mi trabajo y estamos ahorrando principalmente para el día en que no pueda trabajar. Maximizamos nuestros planes de pensiones y ahorramos como si mi negocio fuera a tener valor cero cuando lo deje. Como no tenemos hijos, lo que quede cuando muramos irá destinado a obras benéficas.

¿Y qué pasa con la inversión? Después del fiasco con la negociación intradía, me convertí a la diversificación y la inversión a largo plazo. En ese momento de mi vida, todavía creía que la gente era lo suficientemente inteligente como para batir al mercado, así que utilizaba fondos cotizados activamente y me atrajeron los "fondos de mercados bajistas" que darían protección en caso de que hubiera una recesión.

De 2004 a 2007 tanteé inversiones alternativas y llegué a la conclusión de que no valía la pena correr el riesgo. La diligencia debida, la falta de transparencia y los registros irregulares eran desalentadores. Mi tiempo estaba mucho mejor invertido en hacer una óptima planificación financiera. Durante esa época, también investigué el debate pasivo/activo y poco a poco llevé a mis clientes y a mí misma a fondos más pasivos, aproximadamente mitad y mitad. No estaba convencida de que uno fuera mejor que el otro.

El año 2009 me llevó de lleno al bando de los pasivos. ¿Por qué? Todos esos grandes "fondos de mercado bajista" se hundieron más que los demás. Al mismo tiempo mi trabajo había crecido ya lo bastante como para contratar a mi primer empleado profesional para hacer lo que menos me entusiasmaba: gestionar inversiones. Tim Utech es CFA (analista certificado financiero) y gestionaba fondos activos de gran capitalización antes de pasarse a las finanzas personales. Lo único que pedía para trabajar para mí era que tenía que dedicarme por completo al bando de los pasivos. Y eso hice.

La otra creencia de la que a veces dudo es si son mejores los bonos individuales que los fondos de bonos. Nuestros clientes tienen un alto patrimonio neto y usamos sobre todo bonos individuales para llenar la parte de renta fija de su cartera. ¿Por qué? Me gustan los flujos de efectivo conocidos y la preservación del capital. Mantenemos los bonos hasta su vencimiento y no nos tenemos que preocupar por las fluctuaciones de las tasas de interés. Tim hace un gran trabajo explicando a los clientes cómo funcionan los bonos y están contentos con el enfoque. Sí, es más trabajo, pero contamos con buenos agentes de bonos y Tim se asegura de que obtengamos buenos precios.

Tim ahora gestiona mi dinero y el de mi marido según nuestra declaración de política de inversión. La asignación es el 50 por ciento de renta fija y el 50 por ciento de renta variable, y utilizamos los mismos fondos que nuestros clientes. Miro los saldos periódicamente, pero sería incapaz de decir qué tenemos exactamente en cartera. Seguimos ahorrando dinero y haciendo el seguimiento de nuestros gastos todos los años. Sabemos que estamos bastante bien para cuando llegue el día en que ya no pueda trabajar. Mi mayor lección para todos es lo que mis padres me enseñaron: invierte en ti mismo/a. Tu capacidad de trabajo es el activo más seguro y de mayor rendimiento. Si no se deja de aprender y se cuidan la salud física y mental y las relaciones, es mucho más probable que tengas una vida segura y satisfactoria sin remordimientos. ¿Y no es de eso de lo que se trata?

Tyrone Ross

Errores - Aprendizaje – ¡Legado!

Tyrone Ross es consultor financiero, fundador de 401stc y director de comunidad en Altruist, donde también presenta el podcast *Human Advisor*. Se graduó en la Universidad Seton Hall, y se clasificó para las pruebas olímpicas de 2004 en los 400 metros de atletismo. Fue reconocido por *InvestmentNews* como uno de los 40 mejores asesores de menos de 40 años en 2019 y, ese mismo año, por WealthManagement.com como uno de los diez principales asesores que cambiarán la industria. FinancialPlanning.com lo nombró una de las veinte personas que cambiarán la gestión patrimonial en 2020. Ross fue el primero de su familia en acabar los estudios de secundaria y la misión de su vida es ser la voz de los sin voz. Es un apasionado de la formación financiera, la lucha por el fin del hambre infantil, el sinhogarismo y la pobreza. Actualmente reside en Woodbridge, Nueva Jersey.

Me crie en un hogar financieramente analfabeto que tenía que hacer frente a complicadas cuestiones financieras. Pasamos temporadas sin bancarizar y otras subbancarizados gracias a las casas de cambio de cheques. Las tarjetas tipo "rasca y gana" nos salvaron muchos días en que faltaba el dinero, y por eso hasta ahora me resulta difícil hablar mal de la lotería. Hasta los 26 no supe ni que existía el mercado de valores. No era por falta de ocasión, supongo. En la universidad tenía un compañero de equipo que antes de los entrenamientos solía mirar esos números rojos y verdes que flotaban por la parte inferior de la pantalla del televisor. Me burlaba de él (llegó a ser después tesorero en Disney) y le pedía que dejara eso y nos fuéramos a intentar ligar con las chicas.

Años después iba yo a Wall Street sin haber estado nunca en una clase de negocios, economía, contabilidad o finanzas. Me dieron el trabajo por tener una buena respuesta (aunque sigo sin acordarme de cuál fue) para una pregunta absurda: "¿De qué te servirá ser agente de libertad condicional en Wall Street?". Imaginémonos ahora a un hombre negro de 26 años, analfabeto en lo que a las finanzas se refiere, sentado en el epicentro de los mercados de capital teniendo que responder esa pregunta. Entonces y durante los últimos catorce años aprendí todo lo que sé sobre dinero, ahorro e inversión. Por el camino he cometido todos los errores financieros imaginables, pero tuve el privilegio de trabajar en una industria que sacaba a relucir mi ignorancia y aceleraba mi conocimiento.

No tengo la historia prototípica de "mi primera acción", pero recuerdo haber aprendido lo que era un plan de pensiones 401(k) poco después de empezar mi primer trabajo en Wall Street. (Tiempo después vacié esa cuenta para desperdiciar el dinero en gastos básicos.) En aquella época ese fue el último de una serie de movimientos financieros estúpidos con los que cualquiera que venga de un entorno como el mío podría identificarse: comprar un montón de joyas de mal gusto, un cochazo, acabar con el crédito y gastar todo lo que ganaba *ad infinitum*. Estaba trabajando en las finanzas, pero no era consciente de la oportunidad que tenía para comenzar a asegurar la libertad financiera para mi familia y para mí. Me sigo dando cuenta de lo irónico que resulta. La yuxtaposición de trabajar en Wall Street y desconocer la diferencia entre el lado comprador y el lado vendedor no es una experiencia por la que hayan pasado muchos de los de mi alrededor.

Con el tiempo me fui a una compañía "chop shop" en donde aprendí más sobre acciones, ya que tenía que venderlas por teléfono todo el día. No podía imaginar que acabaría usando esos conocimientos después de conseguir mi siguiente trabajo como asesor en prácticas de Merrill Lynch. Fue allí donde por fin valoré lo que significaba ser inversor. Empecé a gestionar mi propio plan 401(k), me cargué de acciones de Bank of America y, como necesitaba la operación para cumplir mis objetivos, me vendí a mí mismo una póliza VUL de seguro de vida. Las palabras "plan financiero" empezaron también a formar parte de mi vocabulario cuando comencé a trabajar con familias ricas y a ver cómo creaban, aumentaban, transferían y protegían su riqueza.

Dejé Merrill para ir por mi cuenta en 2017 al conocer las criptomonedas en 2015 y trabajar con fundadores de empresas emergentes en 2016. Esto es importante porque ahora la mayoría de mis inversiones están vinculadas a criptoactivos y al capital de empresas privadas. Tengo unas pocas acciones aquí y allá, guardo dinero en cuentas de jubilación, y hace poco me abrí una cuenta de ahorros HSA, para gastos médicos. También desde hace poco soy propietario de un negocio, tras entender lo importante que es tener propiedades para generar riqueza.

Por si no resulta evidente después de leer todo esto, sí, estoy soltero. Me puedo permitir poder asumir una cantidad anormal de riesgo mientras intento recuperar el tiempo perdido cuando no sabía nada de inversiones.

Creo que la lección más valiosa que he aprendido a lo largo de los últimos catorce años a medida que me hacía inversor es la importancia de dejar un legado. Cuando vienes de orígenes humildes y tienes la enorme suerte de adquirir conocimientos financieros, es importante transmitirlos. He hecho que la misión de mi vida sea usar mi experiencia, mi acceso y mis privilegios para ayudar a otros y proporcionar un modelo para pasar "del analfabetismo al legado". Por eso mi mejor "inversión" hasta la fecha es el Fondo de Dotación Atlética Tyrone Ross Júnior en Georgia Tech. Me expulsaron de la universidad (poco después de ser el primero de mi familia que acababa los estudios de secundaria) tras abrir mi primera cuenta bancaria a los 18 años en un banco justo al lado del campus.

Supongo que puedo resumir mi historial de inversión así: el fracaso genera los mejores intereses.

Dasarte Yarnway

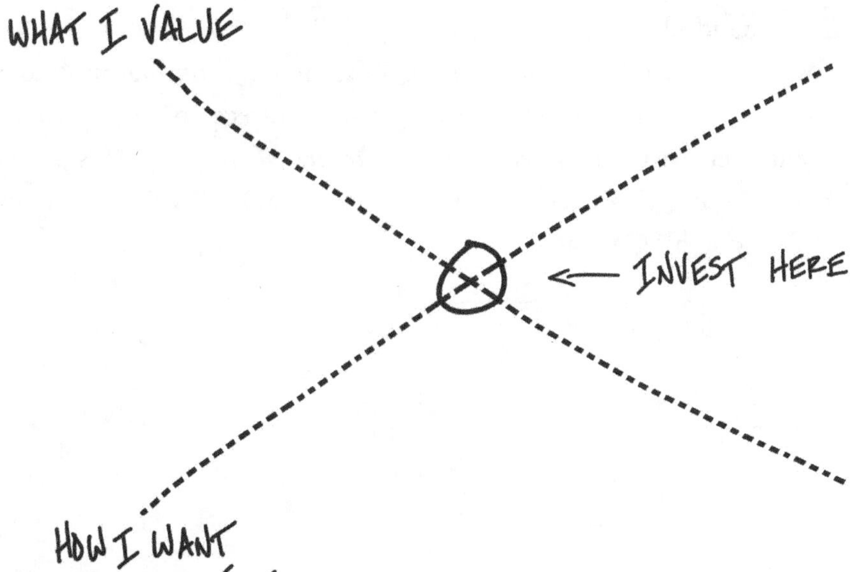

Lo que valoro

Invierte aquí

Cómo quiero pasar el tiempo

Dasarte Yarnway es fundador y director general de Berknell Financial Group, una innovadora compañía de gestión patrimonial independiente centrada en ayudar a *millennials* e inversores experimentados a diseñar su vida ideal.

Nerd Wallet y *Financial Planning Magazine* lo nombraron "Líder y gurú del pensamiento financiero". Yarnway ofrece consejos y conocimientos en su podcast semanal, *The Young Money Podcast*, sus tres libros —*Dating Benji* (2016), *Young Money* (2018), *Pay Me In Equity* (2019)— y su blog semanal.

El dinero y la manera en que lo invertimos no es más que una extensión de lo que somos. La verdad que esconde el dinero es que es una expresión externa de nuestro ADN. La mayor parte de lo que somos y lo que valoramos se puede conocer según cómo decidimos invertir nuestro dinero.

Soy liberiano-estadounidense de primera generación, de padres que huyeron de su tierra antes de que comenzara una terrible guerra civil. No éramos ricos en dólares, pero sí en amor, en experiencias y en la creencia inquebrantable de que todo lo que teníamos era todo lo que necesitábamos. Estábamos agradecidos, y éramos ingeniosos y generosos con la gente de nuestra comunidad, aunque no sobraba casi nada. He vivido pérdidas devastadoras, una y otra vez, y estos hechos me han condicionado para valorar el tiempo porque mi realidad me ha ayudado a entender que este precioso recurso es finito.

Estas características están entrelazadas en la forma en la que invierto mi dinero. Soy joven, solo tengo 29 años. Como para la mayoría en esta fase acumulativa de la vida, el tiempo es mi mayor activo. Antes que el dinero, ya sé que la forma en la que invierto mi tiempo se transformará consecuentemente en riqueza, que incluirá, entre otras cosas, dinero en efectivo. La intersección de mi tiempo y mis valores me sirve de brújula para saber cómo debería invertir mis dólares. Siendo claros: si valoro una cosa en particular, persona o lugar, tengo que invertir ahí mi dinero. Si también dedico una cantidad de tiempo significativa a dicha cosa, persona o lugar, también valoraré invertir ahí. Y además, si algo me hace ganar tiempo, sin duda invertiré dinero ahí, porque entonces podré reinvertir tiempo libre en lo que más valoro. Creo que esto es parte de mi declaración personal de política de inversiones.

Ahora, pasemos al dinero. La mayor parte de mi patrimonio neto está ligado a mi negocio, Berknell Financial Group, que fundé en 2015 después de trabajar para empresas de servicios financieros más grandes. Creé esta empresa con nada más que un dólar y un sueño, como reza el dicho. Al ser el único propietario de capital, mi inversión en Berknell cumple tres funciones. La primera: me permite ser dueño de mi tiempo. Mi padre nunca me vio jugar un partido de fútbol juvenil o universitario. Antes de enfermar de cáncer, tenía varios trabajos para que mi madre, mis hermanos y yo tuviéramos todo lo que necesitábamos. Como propietario de un negocio, creo que tengo la oportunidad de no perderme nunca momentos especiales de la vida. El capital en tiempo significa estar físicamente presente para las experiencias que no se pueden comprar con dinero. Me imagino a mi futura esposa diciendo que siempre tuve tiempo para ella. A mi futura hija, disfrutando de nuestros planes. A mi hijo y a mí, yendo juntos a cortarnos el pelo y hablando de la vida, de cosas de hombres y de responsabilidad. Son momentos que espero con ilusión, sobre todo porque para mí fueron muy breves.

La segunda función que cumple mi empresa es que me da la oportunidad de ser siervo y líder. Para juzgar el carácter de un hombre, no juzgues sus palabras, sino sus acciones. Gracias a este negocio puedo hacer cosas. Puedo enseñar a la gente lo que es comprometerse con algo, mostrarles cómo crear su propia riqueza y motivar a la gente a apoyarse en las habilidades que Dios les ha dado y en su vocación. Ver a la gente prosperar a través de estas acciones es la mejor tasa de rentabilidad.

Por último, puedo dejar un legado. ¿Qué dice la gente de ti cuando no estás delante? ¿Qué dirán cuando te hayas ido? Los miembros de la comunidad liberiana del norte de California llamaban a mi padre "el Padrino" porque salvó a más de 45 refugiados de su patria asolada por la guerra. Hizo todo lo posible por ayudar a sus hijos como si fueran los suyos propios. Tengo muchos "hermanos" y "hermanas" con los que no hay lazos biológicos, pero, gracias a que un hombre decidió que valía la pena invertir su tiempo y dinero en ellos, nuestro vínculo es inquebrantable. Con la empresa, y todos esos pequeños actos desinteresados y valientes, crearé un legado que no se podrá calcular solo con números.

Por eso sigo invirtiendo mi dinero en la creación de negocios que tengan un impacto similar. El más reciente de ellos es Ganta Real Estate Company. En este proyecto, mi plan es reconstruir unos barrios que iban a gentrificarse y proporcionar viviendas asequibles a quienes se verían obligados a marchar por el aumento de los precios y la demanda. El nombre de Ganta Real Estate Company viene por una ciudad del noreste de Liberia, cerca de donde nació mi padre. Las tribus gio y mano que vivían en esa región eran conocidas por ser muy avanzadas y tener hábiles guerreros. La empresa tiene estos mismos principios. Así, impongo a mí y a mis socios la tarea de servir y proteger a quienes quizá no puedan hacerlo por sí mismos.

En cuanto a inversiones más tradicionales, tengo una cuenta SEP IRA que utilizo como parte de mi estrategia fiscal y para planificarme la jubilación. Alineo mi cartera con las inversiones de mis clientes. Con los mercados volátiles, creo que es importante poder decirle a alguien que confía en mí que yo invierto junto con ellos. Esto añade un grado más de confianza. Aproximadamente el 25 por ciento de esta cuenta está invertido en acciones individuales, sobre todo en compañías que van en línea con mis valores, o a través de un análisis fundamental que creo que resistirá el paso del tiempo. Algunas son especulativas, otras agresivas y una buena parte son empresas consolidadas con dividendos. Me encantan las acciones individuales porque creo que ahí es donde se obtienen los mejores rendimientos, pero solo si tienes estómago para aguantar la inevitable volatilidad. La mayoría de mis inversiones se componen de fondos cotizados. Me refiero a esta parte como mi "cartera principal". Sistemáticamente hago aportaciones a este conjunto concentrado de fondos y reequilibro dos veces al año de media. Tengo una cuenta individual imponible y un fondo en el que busco invertir más a medida que aumentan mis ganancias, que es lo que está sucediendo desde el inicio de mi empresa.

Al venir de empresas más grandes, estaba condicionado a pensar que la forma tradicional de invertir era la única, pero cuanto más amplío mi conocimiento y mi grupo de clientes, veo que no es así. Si bien invierto la mayor parte de mi dinero en mi negocio, mi familia y las cosas que valoro, me enorgullece invertir en las personas. Cada vez que veo a un emprendedor que, como yo, se ha lanzado por su cuenta, es creativo o sencillamente está avanzando en su viaje, dedico tiempo a ver cómo puedo brindarle mi apoyo. Puede ser comprando sus libros, su música o una entrada para un evento de pago. Creo que el éxito deja huella, y sin estos "inversores" iniciales dudo mucho que yo estuviera ahora gestionando mi propio negocio. Invirtiendo en las personas, aunque sea en cosas muy pequeñas, se puede lograr el mayor alfa.

En general, mi filosofía de inversión consiste en una estrategia disciplinada y centrada en las personas, que es una extensión de mi corazón y espíritu emprendedor. Creo que al invertir así no solo siembro las semillas de una fructífera cosecha, sino que puedo lograr cambiar el mundo. Si nuestras estrategias se centran únicamente en nosotros mismos, nos perdemos la oportunidad de impregnarnos de las cosas más importantes de la vida: el amor, la fe, la alegría, la buena salud y el vínculo con la comunidad. Todo lo que viene detrás no son cosas esenciales.

Espero que los inversores abran su mente y hagan espacio en sus declaraciones de políticas de inversión para ser agentes del cambio y lograr un mundo mejor. Todos juntos podemos conseguirlo.

Nina O'Neal

Presente - Futuro

Nina O'Neal es una veterana de la industria, donde lleva trabajando como profesional de servicios financieros desde 2004. Actualmente es socia y asesora de inversiones de Archer Investment Management. O'Neal ha sido reconocida como una de los 40 mejores profesionales financieros de menos de 40 años de *InvestmentNews*, así como también figura entre los cien asesores más influyentes de Investopedia. Se le consulta con frecuencia como líder de opinión nacional y comentarista sobre temas y tendencias del sector, y también como panelista, oradora, escritora e invitada a podcasts de servicios financieros. O'Neal ha participado como comentarista en *InvestmentNews*, CNBC, US News & World Report, *The Washington Post*, OnWallStreet, *Investor's Business Daily*, The Street y más. Escribió y presentó «The Juggle is Real», una serie de vídeos realizados con *InvestmentNews* que trataba los retos singulares de los padres que trabajan. O'Neal se graduó en la Universidad de Carolina del Norte en Chapel Hill. Sus pasiones son ver jugar al béisbol a sus dos hijos, probar nuevos restaurantes, viajar y leer.

Siempre he tenido una relación de amor/odio con el dinero. Cuando era niña y vivía en Carolina del Norte, recuerdo que el dinero era un tema agobiante, sobre todo después de que mis padres se divorciaran cuando yo estaba acabando la escuela primaria. Crecí en un mundo donde la mayoría de mi familia era propietaria de pequeñas empresas, por lo que los problemas de flujo de caja no eran algo extraño para ellos. Mi infancia, al parecer, fue una montaña rusa interminable de "tener" o "no tener". En mi casa la estabilidad financiera nunca consiguió establecerse.

Cuando estaba en secundaria, tuve varios trabajos para ganarme mi propio dinero. Me daba libertad, la oportunidad de poder comprar cosas y tener las experiencias que quería vivir. Siendo adolescente, me prometí que nunca iba a depender económicamente de nadie. Juré trabajar duro para tener una gran carrera profesional que pudiera garantizarme el estilo de vida con el que soñaba para mí y mi futura familia.

A pesar de mi experiencia inestable con las finanzas familiares, todavía me las arreglé para que el mercado de valores me pareciera fascinante. Al crecer, me sentaba con mi abuelo y revisábamos las páginas de la bolsa del periódico local. Con la llegada de internet y el corretaje en línea, empecé a ayudar a mi abuelo y al propietario de una empresa local para la que trabajaba a comprar acciones en cuentas E*Trade según mis investigaciones sobre las empresas. Creé un simulacro en Yahoo! Finanzas que me gustaba seguir y comprobar si mis "inversiones" funcionaban bien (o no). Me parecía que el comercio de acciones no tenía nada que ver con mis interacciones diarias con el dinero de verdad. De adolescente, pensaba que era un juego divertido. No podía imaginar cuánto, y de qué manera tan drástica, iba a cambiar esa opinión unos pocos años después.

Después de acabar la universidad, me fui a vivir a Nueva York. En secundaria hicimos un viaje de estudios a la ciudad y desde entonces soñaba con vivir allí. Los ataques terroristas del 11 de Septiembre ocurrieron estando yo en la universidad. Me conmovió ver a la gente de la ciudad unida durante y después de lo ocurrido. Quería ser parte de algo así.

Así que, joven e ingenua, me fui a vivir allí y conseguí un trabajo de relaciones públicas de nivel básico en la industria de la moda. Esto fue en 2003, ganaba 33.000 dólares al año y vivía en Manhattan. Después de impuestos, ¡mi alquiler equivalía a dos semanas de sueldo! Con todo, me encantaba Nueva York, a pesar de los precios. Por desgracia, estuve el año y medio siguiente acumulando deudas de tarjetas de crédito. Pasé apuros con los gastos y el coste de la vida en la ciudad. También tenía 22 años y estaba viviendo la mejor época de mi vida, así que lo fácil era pensar que ya me ocuparía de las deudas más tarde. Cuando alguien me proponía algún plan social, siempre decía que sí. Sabía que no iba a vivir siempre en Manhattan y tenía que aprovechar al máximo la experiencia. Por desgracia, llevaba aparejada un coste.

Con el apoyo de amigos de las finanzas, di un giro profesional y me fui a Wall Street. Tenía muchos amigos que trabajan en los servicios financieros. Sus trabajos y la forma en la que interactuaba toda la gente de Wall Street me fascinaban de verdad. Les hacía preguntas todo el tiempo y por fin me decidí a contactar con un reclutador para ver si podían darme una oportunidad. Con muchas ganas acepté una oferta para trabajar en una gestoría de dinero institucional. En esta empresa aprendí mucho: finanzas corporativas, inversiones disciplinadas, la importancia de las relaciones con los clientes, todo muy valioso.

Gracias a esto empecé a cambiar mis propias finanzas. No solo porque estaba ganando más dinero, sino también porque tenía una mejor comprensión de los fundamentos financieros personales. Me sentía bien al ver aumentar los ahorros, disminuir la deuda, las inversiones en un plan de jubilación 401(k) y tener un mejor control sobre mi flujo de caja. Después de un breve tiempo con esta empresa, volví a casa y aproveché una oportunidad para trabajar como asesora financiera para Merrill Lynch. Me di cuenta de que me apasionaba ayudar a la gente a entender los conceptos financieros y la planificación financiera personal. Y todavía me apasiona.

Somos la suma de nuestras experiencias, y mi camino desde Carolina del Norte hasta Nueva York y el regreso han conformado mi manera de gestionar mi propio dinero. Sin embargo, hace tiempo que el mercado de valores dejó de ser un juego divertido sin conexión con las finanzas del día a día. Ahora veo el mercado de valores como una herramienta increíble para alcanzar objetivos financieros a largo plazo que requieren una gestión cuidadosa y un enfoque de inversión muy disciplinado. Como asesora financiera, sé aprovecharme de la formación profesional y de las experiencias personales para llevar mis finanzas.

Para ampliar, quisiera explicar mi dinámica familiar y empresarial. Con la crisis financiera, se acabó el programa de formación de Merrill Lynch, y parecía el final de mi carrera como asesora. En retrospectiva, esto me dio una oportunidad única, ya que pude decidir con cuidado y a conciencia cuál sería mi siguiente paso.

El desempleo fue también una valiosa lección de finanzas para una pareja de recién casados. En esa época mi actual socio y yo nos conocimos y tuvimos una conversación rápida que me cambió la vida. Me animó no solo a seguir con mi pasión por la planificación financiera y la inversión, sino también a hacerlo siendo su socia. Hoy somos copropietarios de una empresa boutique de planificación financiera y gestión de inversiones que ayuda a cientos de clientes en todo el país.

Mi marido, que también es emprendedor, tiene una agencia creativa que ofrece dirección creativa, servicios de arte, ilustración y diseño de embalaje y de marca. Como ocurre con la mayoría de las personas en el espacio creativo, sus ingresos fluctúan cada año. Tenemos dos niños, de cinco y ocho años. Evidentemente, los niños son caros.

Ahora, al final de la treintena, mis principales preocupaciones financieras son el flujo de caja (empleo por cuenta propia), los impuestos (¿he hablado ya del empleo por cuenta propia?), los ahorros para la universidad, las matrículas de la escuela privada y los ahorros para la jubilación. Los impuestos y la matrícula requieren periódicamente grandes pagos en efectivo. Utilizo varias cuentas de Capital One 360, cada una etiquetada con una finalidad única, como impuestos, matrícula, ahorros generales, etcétera. Cada mes, para las mayores necesidades de efectivo, aporto a la cuenta con fines específicos la cantidad que me resulta cómoda en ese momento. Puede ser la financiación total o una pequeña cantidad. Depende de los ingresos recibidos y de las próximas necesidades de efectivo. Además, como soy una persona muy visual, me ayuda ver los fondos por separado.

Cuando los niños eran muy pequeños, mi marido y yo decidimos que invertiríamos en una educación privada para ellos. Puede ser un tema controvertido que suscite opiniones en ambos sentidos. Diría que es una decisión muy personal y que sobre gustos no hay nada escrito. Sin dar datos específicos de mi hijo mayor, nos dimos cuenta muy pronto de que le beneficiaría estar en una clase pequeña y otras cosas que puede ofrecer una escuela privada. El compromiso económico que implica financiar la escuela privada de dos niños es significativo. Con todo, ha sido una de nuestras mayores inversiones hasta la fecha, con enormes y claros beneficios para su educación y desarrollo general. La analizaremos año tras año para determinar si seguimos por este camino.

Más allá de nuestras grandes necesidades anuales de dinero en efectivo, también ahorramos para futuras necesidades económicas de ahorro a medio plazo, la jubilación y la educación universitaria. Estas son las cuentas que están invertidas en el mercado. Cada mes tenemos establecido un pago automatizado a nuestra cuenta conjunta de corretaje procedente de nuestra cuenta corriente conjunta. Si se cumplen todas nuestras necesidades de efectivo, parte del efectivo sobrante se invierte en la cuenta conjunta de corretaje. Por ejemplo, si los impuestos y las matrículas o cualquier otro pago importante ya se han completado, determinaría qué parte del sobrante de efectivo se va a esa cuenta.

Existen diferentes filosofías sobre cómo invierten los asesores financieros, pero yo prefiero no invertir en mis propias cuentas ni comprar valores para ellas. Por tanto, hago uso de gestores económicos externos para gestionar mi cuenta de corretaje según su estrategia específica. Tiendo a ser bastante agresiva y me gusta el beneficio que da la estrategia del promedio del coste en dólares a través de las aportaciones mensuales. Prefiero invertir en fondos mutuos y fondos cotizados.

Cuando nacieron mis hijos, abrí enseguida una cuenta de ahorros para la universidad John Hancock 529. Tengo las cuentas configuradas con aportes automatizados mensuales; además también se depositan ahí los regalos ocasionales de los abuelos. Dentro de los planes 529, opté por asignar a fondos mutuos de crecimiento agresivo, ya que mis hijos son muy pequeños. Los beneficios del promedio del coste en dólares, mantenerse en el mercado y el crecimiento con impuestos diferidos deberían servir para conseguir bastantes ahorros para la universidad. En caso de que faltara, la universidad se puede financiar con ingresos, becas y/o préstamos estudiantiles. Actualmente, mi proyección de ahorro para la universidad de mis hijos se queda en financiar una escuela pública estatal cuatro años.

Ahorrar para la jubilación siendo propietaria de una pequeña empresa es todo un reto. Hay múltiples opciones, pero el IRS (Internal Revenue Service, el servicio de impuestos internos de Estados Unidos) pone muchas restricciones en torno a los tipos de cuentas que podemos utilizar, y también límites a las aportaciones. He utilizado para mí misma cuentas SEP IRA y SIMPLE IRA. Actualmente nuestra empresa ofrece un plan SIMPLE IRA como beneficio para la jubilación, y aparto dinero para esa cuenta en cada periodo de pago. Estos fondos están también gestionados por un gestor económico externo en fondos de renta variable y fondos cotizados. Mi mayor inversión es el negocio del que soy copropietaria. Durante los últimos once años, mi socio y yo hemos vuelto a invertir en nuestra empresa de gestión de inversiones y planificación financiera de muchas maneras, incluidas la tecnología, las personas, las oficinas, formación continua, etcétera. Nos hemos comprometido a mantener el negocio sin deudas y con un flujo de caja positivo al tiempo que damos a nuestros clientes el mejor servicio y experiencia posibles. Esto era algo muy complicado de lograr durante los primeros años, ya que reducía nuestros ingresos. Ha valido la pena. Seguimos viendo el rendimiento de la inversión con la retención y adquisición de clientes que nos hace seguir siendo rentables.

El mayor rendimiento de la inversión es mi felicidad y la capacidad de amar lo que hago sin una agenda corporativa ni objetivos de ventas. En pocas palabras, nuestro enfoque son nuestros clientes. Con el paso de los años nos hemos esforzado para establecer relaciones maravillosas con personas con las que disfrutamos de verdad trabajando año tras año.

Mis objetivos financieros no se basan en grandes ganancias o sueños grandiosos. Se anclan en la estabilidad financiera y en vivir una vida plena. Eso significa tener la capacidad de hacer las cosas que amamos, como viajar y visitar lugares nuevos, a la vez que podemos ofrecer sin problemas un hogar agradable, satisfacer las necesidades educativas de mis hijos y ahorrar para el futuro. Nadie sabe cuánto tiempo tenemos en este mundo con quienes amamos. Ya sea un tiempo muy breve o muy largo, tenemos que prepararnos para vivir bien tanto en el presente como en el futuro.

Debbie Freeman

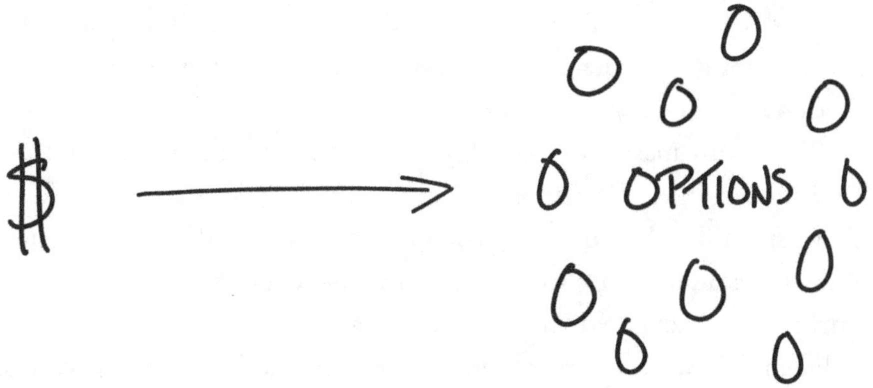

Opciones

Debbie Freeman es directora y jefa de planificación financiera de Peak Financial Advisors en Denver, Colorado. Empezó en la empresa en 2005 como planificadora júnior y asesora fiscal. Antes de unirse a Peak, trabajó para Deloitte Tax como contable en la oficina de Denver. A Freeman le entusiasma sobre todo ayudar a aquellos clientes que están pasando por un momento vital importante, como la pérdida de un ser querido o un divorcio.

Obtuvo un máster en contabilidad en 2005 y una licenciatura en Administración de Empresas con especialidad en Contabilidad de la Universidad de Montana en Missoula. Freeman es CPA (contable pública certificada), CFP® (planificadora financiera certificada) y CDFA (analista financiera de divorcios certificada).

Fuera del trabajo, se centra en sus dos preciosas hijas y en proyectos que le lleguen al alma. Es presidenta de la Colorado Financial Planning Association (Asociación de Planificación Financiera de Colorado) y ayudó a poner en marcha la primera sucursal en Colorado de la Travis Manion Foundation. También le apasionan los problemas de los veteranos de guerra y la prevención del suicidio.

Me crie a 3.275 kilómetros de Wall Street. Mis padres están dentro del 45 por ciento de estadounidenses que no tiene acciones. Ser testigo de sus luchas y sacrificios no solo no fue fácil, sino que encendió en mí un deseo permanente de tener siempre opciones. Aprendí pronto que es casi imposible hacer planes de futuro cuando estás empantanada con los problemas del día a día. En última instancia, estas lecciones se convirtieron en la base de mi relación con el dinero y han dado forma a la manera en la que invierto.

Nunca he tenido miedo a las deudas si se usan con cabeza. El banco local me prestó 5.500 dólares para mi primer coche cuando estudiaba en el instituto. Los préstamos estudiantiles financiaron mi educación superior. La deuda me dio mi primer atisbo de independencia. Tenía coche, una carta de admisión para la universidad y una forma de pagarla. Esto no quiere decir que no cometiera errores con las deudas en su momento, pero lo cierto es que aprendí rápido.

Todavía me endeudo con responsabilidad. Tengo una hipoteca y un préstamo estudiantil que pagar. Los préstamos estudiantiles están al 1,74 por ciento de interés, por lo que nunca he tenido prisa por cancelarlo antes de tiempo. Veo mi educación como la mayor inversión que pude haber hecho en mí misma. El ROI de esa decisión ha sido inconmensurable. La hipoteca está al 3,375 por ciento, pero el coste después de impuestos es menor. Sale a menos de lo que pagaría de alquiler y he participado en el floreciente mercado inmobiliario de Denver durante los últimos trece años. Veo mi hogar como una inversión en tiempo sagrado para dedicar a la familia y es mi santuario alejado del mundo. Sacar provecho de las oportunidades financieras cuando se presentan, en este caso con bajas tasas de interés tanto para mi casa como para mi educación, ha sido fundamental para construir mi independencia financiera.

Tengo una cuenta Roth IRA para la jubilación donde invierto en acciones individuales. Normalmente las compro de empresas que entiendo y utilizo en mi día a día. Soy parte de un grupo demográfico con mucho poder: la madre trabajadora. Las madres trabajadoras son las que mejor saben cuáles son los productos más duraderos y eficientes que existen. Prefiero tener acciones individuales en esta cuenta porque la ventaja potencial nunca se gravará. La localización de activos es una de esas herramientas que podemos usar y controlar.

Mi primera experiencia con la selección de acciones tuvo lugar en el instituto. Trabajaba sirviendo cafés con 15 años en una cafetería los fines de semana por la mañana. Me encantaba ese trabajo. La gente es simpatiquísima a la hora del desayuno. Uno de mis clientes habituales, Roy, venía todos los fines de semana con el periódico en la mano. Me hablaba de que se había criado en Montana, luego viajó mucho y tenía su base de operaciones en California. Decía que tenía que salir de mi pequeño pueblo. Todos los fines de semana me hacía elegir una acción del periódico. Tenía que buscar la cotización, investigar la empresa durante la semana, informarle al fin de semana siguiente y verificar el precio de las acciones de nuevo. Le encantaba ver qué acciones elegía. Yo pensaba que solo era un juego divertido, pero fomentó mi interés en las finanzas. Tengo que dar gracias a Roy por ayudarme, a fin de cuentas, a elegir la profesión de planificadora financiera. Le escribí cuando terminé el máster y se lo agradecí. Siempre que añado una nueva acción a la cuenta Roth IRA me acuerdo de Roy.

Tengo también una cuenta de jubilación SIMPLE IRA. Se invierte en los modelos que creamos para nuestros clientes. Esto está arraigado en mi cultura de empresa, y no contrataría a alguien que gestionara mi dinero si no invierte al menos algo del suyo de la misma manera. Hago aportaciones todos los meses y mi empresa realiza una aportación complementaria equivalente (*match*). Es una mezcla de ETF y fondos mutuos, y somos activos en el ajuste de la asignación. Invierto todos los meses, independientemente de las condiciones del mercado. Sé que me compensará por comenzar joven y dejar que el interés compuesto trabaje a mi favor.

Mi cuenta SIMPLE IRA no tiene nada de sugerente ni del otro mundo. Sin embargo, da beneficios intangibles más allá de ahorrar para el futuro. Tengo el privilegio de poder participar en un plan de empresa. Y tengo la suerte de poder aportar todos los meses. Me pregunto cómo se habrían sentido mis padres si ellos hubieran podido ahorrar algo para la jubilación. O mejor aún, ¿y si hubieran tenido un trabajo que ofreciera un plan de jubilación y aportaciones equivalentes de la empresa? Esta cuenta tan sosa es mucho más que un depósito mensual. Para mí representa la promesa de poder elegir en el día de mañana y una sensación de bienestar y gratitud para el día de hoy.

El mayor componente de mis ahorros (normalmente el 10 por ciento de mi salario) va a una cuenta de ahorros online. Con esto financio la compra de acciones anual con la empresa. Tengo que admitir que algunos meses es complicado. Soy una madre divorciada que se está labrando un futuro para sí y para sus hijas. Apartar tanto dinero, sobre todo después de impuestos, puede ser muy complicado. Cada año me siento orgullosa al extender ese cheque. Es una inversión en mí. Es una inversión en el éxito de mis clientes. Cada dólar de esa participación demuestra a mis hijas no solo que las mujeres forman parte de las finanzas, sino que podemos prosperar en ese ámbito.

Como creo que la educación superior fue la mayor inversión que he hecho nunca, abrí dos planes 529 para mis dos hijas cuando eran bebés. Los gestiona Vanguard y hago aportaciones mensuales. Es poco probable que ahorre lo suficiente como para cubrir todas sus necesidades durante la educación superior, pero estoy tranquila. Personalmente me parece correcto que contribuyan de alguna manera. Incluso si mi situación financiera mejorara sustancialmente, me gustaría que fueran a la universidad poniendo algo de su parte.

El último componente de mis hábitos de ahorro e inversión es sin duda mi preferido. Es un depósito mensual en una cuenta de ahorros online creada exclusivamente para pagarme unas vacaciones de ensueño cuando cumpla los 40. Soy igual que muchos de vosotros. Los grandes planes para vivir la vida que anhelamos requieren disciplina y planificación. Sin embargo, muchas personas no se comprometen a hacerlo. No será mi caso. Ya no.

Resulta que mi hermano se suicidó en 2014. Aunque ha sido una experiencia inimaginable, este tipo de sucesos ayuda a crecer y evolucionar muchísimo. Una cosa de la que me di cuenta es que me había pasado los primeros treinta y cuatro años de mi vida haciendo todo lo que se suponía que había que hacer. Estudié mucho en la universidad. He trabajado duro toda mi vida. Me casé y tuve hijos tal y como me educaron para creer que debía hacer. Lo que no hice fue darme tiempo para crecer con los viajes y algo de aventura. No pasé las vacaciones de Semana Santa en México ni hice muchos viajes antes de ser madre.

Algo de esto estaba limitado por el presupuesto, pero también por el sentido del deber de hacer lo que se espera que hagas. Perder a Joe fue un auténtico despertar. Me enseñó que la vida es mucho más que el siguiente logro. Es también disfrutar los momentos de entremedias. Así que ahorro para esas experiencias que quiero tener ahora: vacaciones de verano con mi familia en Montana, Hawái a los 40, París cuando mi hija mayor cumpla 16, el campamento base del Everest cuando mis hijas tengan ya 20. Nunca lo conseguiré si no se convierte en una prioridad con ahorros disciplinados.

Todos tenemos una hoja de ruta diferente para invertir. Siempre he afrontado mis inversiones igual que afronto la vida. Se necesita esfuerzo y aceptar los riesgos para cambiar las circunstancias. Tienes que estar dispuesta a actuar cuando las oportunidades financieras se presenten. Ser constante y disciplinada con los objetivos a largo plazo, pero sin obsesionarse tanto con el futuro que se te olvide disfrutar el hoy. Mantener una perspectiva positiva y confiar en el instinto. Por último, nunca subestimar lo afortunados que somos por tener estas opciones. Tener opciones y un poco de suerte son la clave de la seguridad financiera.

> "Tienes exactamente una vida en la que hacer todo lo que vas a hacer. Actúa en consecuencia".
>
> Colin Wright

Shirl Penney

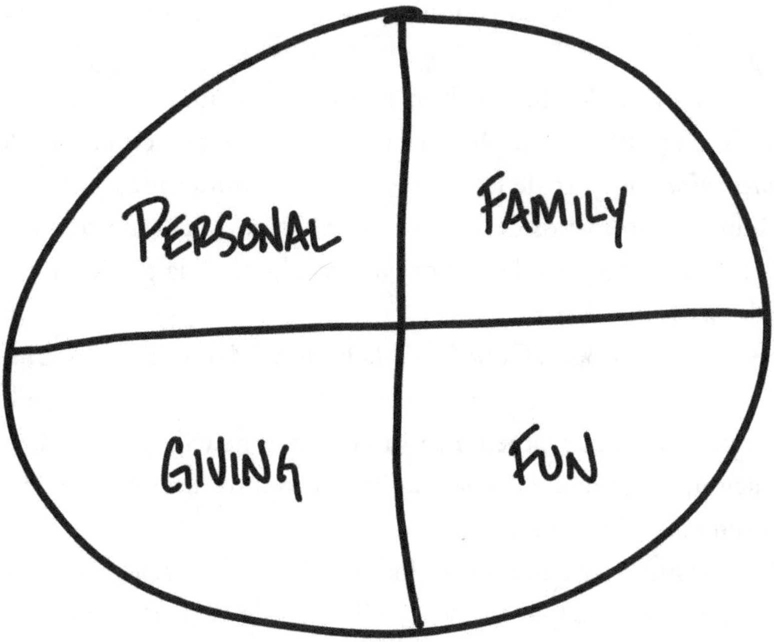

Personal – Familia

Donaciones – Diversión

Shirl Penney es fundador, presidente y CEO de Dynasty Financial Partners. Antes de Dynasty, Penney trabajó en Citi Smith Barney como director de gestión de patrimonio privado y jefe de servicios financieros ejecutivos.

Penney es orador habitual en eventos de la industria, se le cita a menudo en publicaciones financieras, y se le incluyó en la lista de *InvestmentNews* de 2015 de las 40 personas más influyentes en la gestión patrimonial con menos de 40 años. También apareció su nombre en la lista inaugural de 2016 de iconos e innovadores en la gestión patrimonial de *InvestmentNews*.

Se licenció en Bates College, en Lewiston, Maine (Estados Unidos), y vive en St. Petersburg, Florida, con su mujer y sus dos hijas. Él y su mujer participan activamente en varias causas benéficas centradas en la educación, la pobreza, la esclerosis lateral amiotrófica (ELA) y servicios a los veteranos de guerra.

Penney interviene en el curso inaugural de la fundación universitaria Finance Leaders Fellowship y es miembro de Aspen Global Leadership Network.

PARA ALGUIEN QUE tuvo un comienzo financiero complicado en la juventud, criado en un entorno de pobreza en lo peor de Maine con mi padrastro, donde estuve sin hogar de los 11 a los 14 años y tuve que vivir con varios vecinos, es una lección de humildad que me pregunten ahora con 43 años cómo invierto mi dinero.

Este año será el décimo aniversario de mi creación de Dynasty Financial Partners, una plataforma de servicios de oficina intermedia, producto de inversión y facilitador de capital para gestores de patrimonio superior independientes (asesores de inversiones registrados, RIA por sus siglas en inglés), que ahora se acerca a los 50.000 millones de dólares en activos en la plataforma. Al igual que muchos fundadores o empresarios que siguen participando activamente en la gestión de sus negocios, soy presidente y CEO de Dynasty, y una parte sustancial de mi patrimonio neto sigue estando junto a los otros propietarios de acciones y socios de la empresa.

Si bien reconozco que a veces la mentalidad de "ir con todo" de los emprendedores puede ser arriesgada en comparación con la diversificación más agresiva a lo largo del tiempo, por suerte, la apuesta en el negocio, la estrategia, la industria, nuestra gente y nuestros clientes nos han compensado de sobra hasta ahora.

Dicho esto, mi esposa Mary Ann y yo tenemos otras inversiones. Solo describiéndolas ya puedo dar una idea de cómo pensamos sobre nuestro enfoque general para desplegar nuestro capital en torno a nuestra concentración en Dynasty Financial Partners LLC.

Tenemos cuatro amplias categorías o fondos de capital, por así decirlo. Son el capital personal (Mary Ann y yo), el capital familiar (nuestras dos hijas, sobrinas y sobrinos, etcétera), el capital filantrópico (nos centramos en educación, la ELA y ayudar a familias de militares) y nuestro fondo de capital "diversión" (activos que nos gusta disfrutar, pero sin que nos obsesione el rendimiento financiero).

Con respecto a nuestro capital personal, Mary Ann y yo aún somos bastante jóvenes y por suerte tenemos buena salud, así que tenemos una cartera de crecimiento bastante agresiva. Invertimos en una cartera diversificada que consiste en fondos indexados en la parte central de la cartera, dinero gestionado para empresas de pequeña capitalización e internacionales y actualmente tenemos una asignación del 10 por ciento para renta fija y efectivo.

Creo que hay que invertir en cosas que conoces con personas que conoces. En el pasado esa idea nos llevó a comprar acciones financieras de empresas dirigidas por gente que conocía y respetaba. Dado el tamaño de nuestra posición con capital cerrado en Dynasty ahora, y que es una empresa de servicios financieros, he dejado de comprar otras empresas de este ámbito debido al riesgo de concentración en el sector de esta industria. Del 80 por ciento en inversiones de crecimiento, aproximadamente el 50 por ciento está en mercados públicos y el otro 30 por ciento en inversiones alternativas, dividido entre un puñado de fondos en el sector inmobiliario y capital privado, e inversiones directas en empresas que llevan equipos en los que creo y que no son servicios financieros.

En este momento el fondo de capital familiar consiste principalmente en acciones de Dynasty, además de algunas acciones individuales que hemos dejado que escojan nuestras hijas para que aprendan a invertir. Las acciones son en su mayoría de empresas que cabría esperar que a dos chicas de 11 y 13 años les haría ilusión. Nos encanta que nos presenten sus ideas de inversión cuando cenamos los viernes por la noche. También tienen fondos educativos que están en fondos de renta variable agresivos, diversificados y orientados al crecimiento.

Nuestro capital filantrópico se invierte en el más conservador de nuestros fondos comunes de capital, con una indexación de acciones nacionales principales de aproximadamente el 30 por ciento, con un gestor de alto valor de dividendos al 20 por ciento, el 25 por ciento de ingresos fijos imponibles, el 15 por ciento de fondos mutuos internacionales y el 10 por ciento de efectivo. Aportamos aproximadamente el 10 por ciento de nuestro ingreso anual al fondo y tenemos previsto financiarlo a un nivel mucho más alto después de un posible evento de liquidez con acciones de Dynasty en el futuro. Tanto Mary Ann como yo nos esforzamos mucho para poder donar de la mejor manera.

Nuestro último fondo de capital es el de la diversión. Lo llamamos el C&C: ¡casas y caballos! Tenemos una serie de propiedades que utilizamos con nuestra familia y amigos. Y tenemos un establo con caballos de carreras purasangres. Muchas veces hemos criado caballos con algunos amigos. Si bien tanto las casas como los caballos pueden proporcionar rendimientos financieros, y hemos tenido suerte con ambas cosas a lo largo de los años, ese no el principal enfoque del fondo o del capital.

Creemos que el éxito es mejor si es compartido y cuando tenemos a cincuenta personas en una de nuestras casas, o con nosotros y el caballo vencedor, ¡esa "inversión" no tiene precio!

Ted Seides

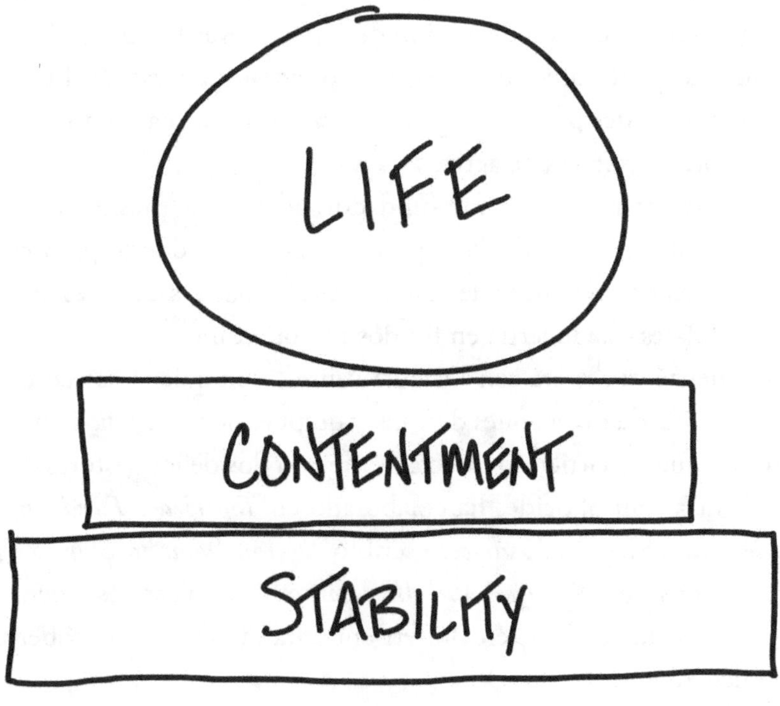

Vida

Satisfacción

Estabilidad

Ted Seides, CFA (analista financiero certificado), es fundador de Capital Allocators LLC. Creó la empresa en 2016 para probar las mejores prácticas en la industria de gestión de activos desde la perspectiva de los propietarios y gestores de activos y otros actores relevantes. Es creador y presentador del podcast *Capital Allocators* y trabaja como asesor de asignadores y gestores de activos.

Anteriormente, Seides fue fundador, además de presidente y codirector de inversiones, de Protégé Partners, LLC, donde pasó catorce años en una empresa líder de inversiones alternativas de miles de millones de dólares que invertía en fondos de cobertura.

Comenzó su carrera con David Swensen, con quien pasó cinco años en la Oficina de Inversiones de Yale, y después de la escuela de negocios pasó dos años invirtiendo directamente con dos de los gestores de Yale.

Mientras tanto, Seides ha colaborado en *Top Hedge Fund Investors: Stories, Strategies, and Advice*, escribió *So You Want to Start a Hedge Fund: Lessons for Managers and Allocators* e hizo una apuesta benéfica a diez años vista con Warren Buffett enfrentando fondos de cobertura y el índice S&P 500.

Tiene una licenciatura en Economía y Ciencias Políticas, *cum laude*, de la Universidad de Yale y un MBA de la Escuela de Negocios de Harvard.

Mi educación formativa en la inversión me viene de mi padre y mi primer jefe, un tipo llamado David Swensen.

Se quedó huérfano de padre cuando era adolescente y de madre con veintipocos. Mis abuelos no tenían mucho dinero y él se pagó la universidad y la facultad de Medicina. Algunos amigos de la familia le hablaron de acciones cuando sus abuelos fallecieron, y compró algunas de IBM en 1959. Cuando parecía que se lo habían quitado todo en un instante, él se aferró a esas acciones. Todavía las tiene.

Llevábamos una vida de clase media alta. Yo pensaba que éramos ricos y le decía a la gente que éramos de clase media, no conocía otra cosa. Íbamos de vacaciones a una vivienda de multipropiedad en las montañas Pocono, donde esquiaba en invierno y jugaba al tenis en verano. Mis padres nos pagaron la universidad y la escuela de posgrado a mis dos hermanos y a mí sin contraer deudas y todos empezamos nuestra vida independiente con algo de dinero en el banco. Recuerdo mi infancia como una etapa segura, estable y sin preocupaciones, aunque no estaba rodeado de la parafernalia de los ricos. Esas sensaciones son las que uso para describir la satisfacción.

El dinero no abundaba, y era una fuente de preocupación para mi padre a pesar de mis impresiones de joven. Nunca hablaba de dinero específicamente, pero sí daba consejos del tipo "no estudies medicina, hay formas más fáciles de ganarse la vida". Sabía que estaba hablando de dinero y nunca le oí la frase "haz lo que te apasiona" hasta que fui a la escuela de negocios. Puede que no fuera una sorpresa que entrara en el negocio del dinero.

La parte complicada de seguir el consejo de mi padre era que no tenía conocimientos financieros completos. Sabía cómo cuadrar un talonario, pero hace poco me enteré de que durante muchos años se endeudó usando la tarjeta de crédito y margen de corretaje, aunque podría haber cambiado esas deudas por préstamos hipotecarios y estudiantiles con tasas de interés más bajas. Su consejo sobre el dinero estaba en la dirección correcta, pero era inviable de alguna forma concreta.

David Swensen fue como un segundo padre para mí durante los cinco años que trabajé para él en Yale. Desarrollamos una relación en parte fraternal y en parte paternal en la que prosperé y que aprecio desde entonces. Me enseñó todo lo que mi padre no sabía sobre invertir. David no era tampoco un derrochador, y las lecciones básicas de ahorro para el futuro para mí eran evidentes.

Entre bambalinas, David era tan efectivo como puede parecer en público. Me enseñó los primeros principios y los buenos hábitos de inversión antes de que desarrollara los malos, y su sabiduría cotidiana sobre la vida me hizo mella. Me aferraba a cualquier cosa que dijera.

En los años posteriores a Yale, tuve una carrera exitosa aplicando lo que aprendí de David cuando trabajé con varios clientes institucionales. Cometí errores durante el proceso y volví a los primeros principios de David, comprendiéndolos mejor cada vez. En los diez años y medio de mi empresa, gané un montón de dinero y no tuve que pensar mucho en financiar lo que quisiera, que no era gran cosa.

Mi vida financiera se topó con un bache después de dejar Protégé Partners. Al mismo tiempo, mis ingresos cayeron precipitadamente, me divorcié y mi hoja de balance se redujo a una fracción de lo que un día fue. La pérdida de la estabilidad a la que había estado acostumbrado a lo largo de mi vida me sacudió hasta la médula. No estaba preparado para algo así ni desde el punto de vista emocional ni desde el financiero. Muchas personas pasan por momentos difíciles similares, y yo tuve más suerte que la mayoría porque tenía recursos económicos para dar un paso atrás sin graves consecuencias.

Por aquel entonces nunca había tenido un plan financiero, y ojalá lo hubiera tenido. Después de divorciarme llevaba una vida cara, tenía tres hijos y una casa difícil de vender. Tenía que hacer ajustes que nunca había previsto. Un plan y un buen planificador financiero me habrían dado mucha tranquilidad y podrían haberme ayudado a tomar mejores decisiones durante el proceso. Todavía necesito un plan financiero y he empezado por fin el camino para crearlo.

Mientras tanto, la satisfacción ha consistido en un sentimiento de estabilidad para mí y los míos, las experiencias divertidas que hemos compartido juntos y no tener nunca que pensar dos veces en las necesidades. Quiero que mis hijos y mi familia tengan esta base, y no necesito muchas cosas materiales para ser feliz. Además, he encontrado al amor de mi vida y estoy reevaluando mi situación financiera futura en una familia recién construida.

Algunas lecciones que he aprendido como inversor institucional no se pueden aplicar para financiar mi satisfacción como individuo. Durante el tiempo que gestioné carteras de fondos de cobertura, tenía restringido lo que podía tener e invertí la mayor parte de mi capital junto con mis clientes. Eran inversiones tremendamente subóptimas para mí. Los fondos de cobertura por lo general son ineficientes desde el punto de vista fiscal y asumen menos riesgo del que yo quería. Sin embargo, era importante que mis clientes vieran que estaba alineado con ellos y centrado en su capital.

Me llevó un tiempo encontrar mi sitio como inversor individual después de dejar Protégé. Cuando lo encontré, esto es lo que descubrí.

Cuando tengo un flujo de caja positivo y dejo una reserva en efectivo como protección para las épocas de vacas flacas, me invade una sensación de estabilidad y puedo invertir con tranquilidad el resto de mis activos con un horizonte a largo plazo. Me siento cómodo con la volatilidad del mercado de valores y no creo en la sincronización con el mercado, así que mantengo toda mi inversión.

Trabajo mejor cuando me ciño a mis fortalezas, y estuve valorando cómo aplicar estas cualidades como inversor individual. Soy un buen comprador a la contra, pésimo negociador a corto plazo, vendedor reacio y propietario sereno en mercados agitados. También me encanta invertir en personas que destacan siguiendo estrategias de valor agregado. Juntando todo esto hallé mi zona de confort con inversiones en fondos y acciones que intento comprar y retener, con suerte, tanto como mi padre ha tenido las de IBM.

Tengo principalmente acciones globales en una combinación de fondos activos y pasivos. Tengo índices o ETF de factores si no hay otra opción mejor, pero prefiero sin duda la gestión activa. Esta preferencia viene de mi experiencia positiva con gestores activos selectos a lo largo de mi carrera.

El valor de las relaciones no se menciona para nada en el debate activo/pasivo. Asociarse con gestores activos abre el acceso a personas, ideas y oportunidades que nunca podrían darse si se invierte en un fondo indexado. El conocimiento no cuantificable y la opcionalidad que surgen de estas relaciones son un regalo que perdura.

Además de los fondos, invierto en acciones individuales que encajan en mi visión atípica del mundo de las inversiones. La mayoría de los nombres individuales que aparecen en mi cartera son la réplica de una inversión en un gestor. Por ejemplo, en la venta masiva de diciembre de 2018, compré una posición en Brookfield Asset Management (BAM). No finjo saber más de las acciones que otros inversores, y no sigo sus informes de ganancias trimestrales, pero entiendo las estrategias de inversión de las empresas, su alineamiento con los accionistas y el ajuste de las inversiones de infraestructura y crédito en mi cartera.

Tiendo a inclinarme por el valor en mis preferencias de gestor, así que tengo algunas acciones de crecimiento para equilibrar mi exposición. Compro acciones en empresas de larga trayectoria en las que confío plenamente y seguiré teniéndolas dentro de cinco o diez años, incluidas Amazon (AMZN), Alphabet (GOOG) y Shopify (SHOP).

Relleno mi cartera de acciones con un pequeño grupo de inversiones arriesgadas oportunistas, en parte por el atractivo de las opciones al alza en sectores dinámicos como la biotecnología. Siendo justos, sé aún menos de este tipo de acciones que de las otras, así que invierto de la mano de gestores que sé que ya han investigado y tienen una gran confianza en estas empresas.

A veces me he sentido tentado de comprar una acción de la que he oído hablar a un gestor de dinero al que respeto, pero que no encaja en mis grupos de gestor replicante, de acciones de crecimiento a largo plazo o arriesgadas. Con demasiada frecuencia he comprado y vendido en un mes o dos, cuando un indicio de pérdidas me hacía ver que no tenía ni idea de lo que estaba haciendo.

Durante años, impuse a los gestores que contrataba que se concentraran en lo suyo, y todavía me lo tengo que recordar a mí mismo de tanto en tanto.

Cuando llegan los periodos complicados en el mercado como en diciembre de 2018 y marzo de 2020, añado la recolección de pérdidas fiscales al proceso, un giro inesperado que nunca había considerado en mi experiencia profesional. Sienta bien hacer algo cuando los mercados están revueltos, y cambiar un ETF por otro parecido y asumir pérdidas fiscales me ha dado cierto consuelo en momentos difíciles.

Sin duda conozco bien el mundo de los fondos de cobertura, pero no invierto en estos fondos. Veo méritos valiosos para los fondos de cobertura destacados en las carteras institucionales exentas de impuestos. Como inversor sujeto a impuestos, es difícil conseguir los beneficios sin los costes.

Fuera de los mercados públicos, invierto en algunos fondos de inversión privada con gestores que siguen estrategias interesantes inusuales. Algunos de mis contactos antiguos y mis investigaciones más recientes de mi podcast *Capital Allocators* han supuesto fantásticas oportunidades. Por suerte, los gestores tuvieron la amabilidad de dejarme acceder.

En general, al combinar un saldo de caja y una cartera de acciones, puedo lograr el equilibrio que busco con una capitalización compuesta para un futuro de mayor estabilidad, momentos de diversión y una buena vida.

Ashby Daniels

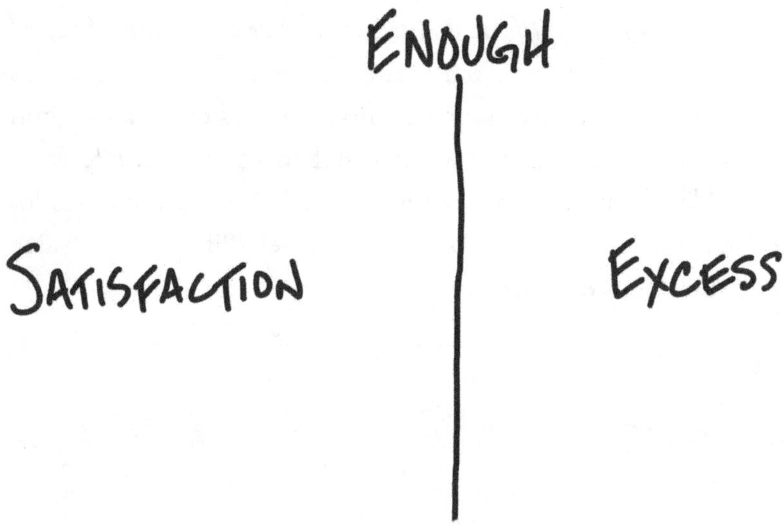

Suficiente

Satisfacción - Exceso

Ashby Daniels es asesor financiero de Shorebridge Wealth Management. Trabaja con personas que se jubilan o están a punto de jubilarse y los acompaña durante todo ese proceso clave de sus vidas. Daniels es autor de *Medicare Simplified: What Retirees Need to Know About Medicare in 100 Pages or Less*, que es un éxito de ventas en Amazon sobre Medicare, los seguros médicos para personas mayores en Estados Unidos.

Escribe a menudo en un blog que se llama *Retirement Field Guide* donde habla de inversiones, seguridad social, Medicare y todos los aspectos relacionados con la jubilación. Vive en Pittsburg, Pensilvania, con su mujer y sus dos hijos.

CRECÍ EN UN hogar sin muchos excesos. Éramos beneficiarios del programa de comedor escolar gratuito y nos acurrucábamos frente a un calefactor provisional las mañanas frías de invierno. Era lo habitual en la zona donde me crie, así que nunca me pareció raro. Pero que no se me malinterprete, éramos muy afortunados. Podíamos cubrir nuestras necesidades y a veces dábamos lo poco que nos sobraba a familias con menos suerte que la nuestra. Era evidente que preocuparse por los demás era importante para mis padres. A medida que me he hecho mayor, me resulta más admirable. Como imagino que les pasa a muchas personas, gran parte de la manera en la que gestiono las finanzas de mi familia está probablemente marcada por mis experiencias de la infancia. Creo que hay que poner las cosas fáciles y eso pasa por definir lo que es *suficiente.*

Suficiente desde una perspectiva material es un objetivo que se encuentra en perpetuo movimiento porque siempre hay un barco más grande, una casa más grande, un coche mejor o unas vacaciones más extravagantes. Pero lo que es suficiente se define de forma interna, no externa. Para mí, suficiente es reconocer la línea entre la satisfacción y el exceso. Gracias a mi infancia, no necesito mucho en cuanto a cosas materiales para estar satisfecho.

Creo que los excesos comunes a menudo complican la vida antes que hacerla más satisfactoria. Como se suele decir, no quiero que las cosas que poseo terminen poseyéndome a mí. Nunca me han llamado la atención los relojes caros, los coches de alta gama, tener la casa más grande ni nada de eso, así que estoy seguro de que para mí es más fácil entender esta idea que para otras personas. Creo que es sano tener deseos que no se cumplen. Vivimos cómodamente, pero cualquier cosa más allá de lo suficiente se guarda o se regala. No nos complicamos.

Desde que comencé mi carrera profesional, los ingresos de nuestro hogar han aumentado año tras año, pero hemos mantenido el mismo estilo de vida adrede. Pocas personas hablan sobre el impacto que las elecciones del estilo de vida pueden tener en su futuro financiero, pero creo que representará alrededor del 80 por ciento o más de nuestro destino financiero personal. No serán las opciones de fondos ni otras decisiones tácticas las que determinen nuestro éxito. Será nuestra capacidad de vivir por debajo de nuestras posibilidades. Aunque esto no lo puede lograr uno solo por su cuenta.

Mi mujer y yo somos fiscalmente conservadores en lo que a nuestros gastos domésticos se refiere. Somos ávidos ahorradores y queremos donar mucho a personas y causas que nos importan. No solo donamos porque nos importe la causa a la que donemos, sino porque es enriquecedor para nosotros. Hemos tenido mucha suerte y creemos que tenemos que ser buenos representantes de aquello con lo que hemos sido bendecidos.

No nos gustan las deudas y pagamos en efectivo casi todo, hasta los coches. La única deuda que seguimos teniendo es la hipoteca por la baja tasa de interés. Sigo el mismo consejo que he dado a muchos clientes en situaciones similares, y no he pagado ni un centavo más de lo debido desde que compramos nuestra casa hace diez años. Para mí, tener los fondos disponibles para pagarla si necesitáramos hacerlo es lo mismo que pagar la hipoteca. A nosotros nos vale.

Tenemos tres objetivos financieros principales:

1. Prepararnos para la jubilación.
2. Pagar la universidad de nuestros dos hijos.
3. Estar preparados para los imprevistos de la vida.

Para llevar a cabo estas metas es realmente necesario no complicarse. Creo que la gente pasa demasiado tiempo intentando optimizar cualquier cosa, sobre todo sus carteras. Cuando algo es lo suficientemente bueno, paso a cuestiones más apremiantes.

Al invertir para la jubilación y la educación de nuestros hijos, tengo que decir con gran entusiasmo que nuestra cartera tiene el 100 por ciento de acciones. Habrá quien diga que es una locura y que deberíamos tener un porcentaje de renta fija para reducir la volatilidad de la cartera, pero no estoy de acuerdo porque no son objetivos a corto plazo. Por lo general se acepta que cualquier cosa que reduzca la volatilidad a corto plazo debe también reducir el rendimiento a largo plazo. Así las cosas, no parece lógico tener otra cosa que acciones, teniendo en cuenta que tenemos la fortaleza emocional para pensar de verdad a largo plazo. Creo que seguiremos teniendo el 100 por ciento de acciones.

En cuanto a las acciones que tenemos, para ser sincero, y digo esto con todo el respeto y admiración por mis colegas de investigación de inversiones y gestión de fondos, creo que la búsqueda para obtener algunos puntos básicos adicionales de rendimiento es una pérdida de tiempo para el típico inversor de provincias, incluido yo mismo. ¿Por qué? No es porque crea que no se puede conseguir (seguro que sí), sino porque la búsqueda de alfa está totalmente fuera de mi control y porque es del todo innecesario para conseguir nuestras metas financieras.

Parte de la idea de no complicarse está en buscar áreas donde podamos reducir las fricciones. En otras palabras, quiero eliminar todos los riesgos incontrolables si se puede. Intentar batir al mercado también debe traer el riesgo de tener un rendimiento inferior al mercado. Si no necesitamos batir al mercado para conseguir nuestras metas financieras, ¿qué sentido tendría introducir la posibilidad de alejarnos más de nuestras metas?

Si nuestros objetivos requieren batir al mercado, creo que deberíamos revisar nuestros objetivos en lugar de intentar hacer algo que introduzca más riesgos. Los rendimientos del mercado deberían ser lo suficientemente buenos para nuestras necesidades.

Invertimos nuestra cartera en una combinación diversificada de fondos indexados y otros que reequilibran nuestras cuentas, no los tocamos. No creo que haya que estar optimizando continuamente la cartera porque un hecho que mucha gente obvia adrede es que toda optimización de la cartera se basa en datos anteriores. Suena evidente, pero parece que hay una desconexión ya que nuestra industria se enfoca mucho en esta idea.

Si toda la investigación sobre inversiones se basa en datos pasados (no existen otros), cualquier cartera que se considere "óptima" está desfasada antes incluso de empezar porque estamos invirtiendo a futuro, donde todo es desconocido. En otras palabras, no podemos saber qué es óptimo hasta que llega el futuro y entonces ya es demasiado tarde. Si no hay hechos sobre el futuro, ¿para qué molestarse en intentar optimizar algo que es imposible optimizar?

Creo que estar dispuesto a ceñirse a una cartera diversificada de fondos indexados es lo más parecido a tener un superpoder inversor que existe en la era del síndrome del objeto brillante. La paciencia parece ser un camino mucho más sencillo y satisfactorio para nuestras metas financieras que estar siempre intentando triunfar con la nueva moda.

Actualmente hacemos aportaciones cada mes a mi cuenta de jubilación Roth 401(k) y a nuestra cuenta imponible. Con nuestros niveles de ingresos, tener una cuenta Roth podría ser o no una decisión inteligente a largo plazo si terminamos en una categoría impositiva más baja durante la jubilación, pero lo hago de todos modos porque no me importa pagar impuestos ahora. Me importa mucho más lo que podría significar para nosotros a largo plazo. La futura factura de impuestos es otra fricción potencial que puedo eliminar invirtiendo de esta forma. También considero la cuestión de si prefiero pagar impuestos por las semillas (ahora y no cuando saque dinero de la cuenta) o por el árbol (pagando después cuando quiera sacar dinero de la cuenta). Con más de treinta años de crecimiento potencial libre de impuestos por delante, prefiero pagar impuestos por las semillas.

Nuestra cuenta imponible se está convirtiendo en nuestra cuenta más importante. La consideramos una extensión de nuestros ahorros, aunque sea toda de acciones. Si necesitáramos fondos más allá de nuestros ahorros de emergencia, estaríamos dispuestos a aceptar la posibilidad de que el mercado pueda hundirse cuando lo necesitemos, si eso significa que podemos posicionarnos para obtener rendimientos probables más altos los años siguientes.

El propósito de nuestra cuenta imponible es proveer tanto para la jubilación como para la educación de nuestros hijos. No utilizamos planes 529 para la educación porque preferimos poder elegir antes que los beneficios fiscales. Si nuestros hijos terminan uniéndose al ejército, consiguen una improbable beca o hacen algo totalmente distinto, no estaríamos peor por eso y podríamos ayudarles igualmente de otras formas. Ahorrando así, nos hemos dado más opciones.

Para nuestra tercera meta, prepararnos para las situaciones hipotéticas de la vida, soy un firme defensor de los seguros. Tengo un seguro de vida suficiente para mantener a mi familia a perpetuidad y para cubrir nuestros objetivos de educación si algo me ocurriera. Tengo la cobertura de discapacidad para mantener a mi familia si no fuera capaz de trabajar, y tenemos un seguro de responsabilidad civil adecuado para el resto de imprevistos. Asegurarse a uno mismo por lo que pueda ir mal es lo que nos permite invertir para lo que pueda ir bien.

Comprender qué es lo más importante para nosotros y lo que intentamos lograr nos proporciona las pautas para establecer nuestros planes tácticos y estratégicos que nos permiten dormir bien por las noches. No existe una forma correcta de hacer nada financieramente, hay que encontrar lo que sirve para cada persona y aferrarse a ello.

Blair duQuesnay

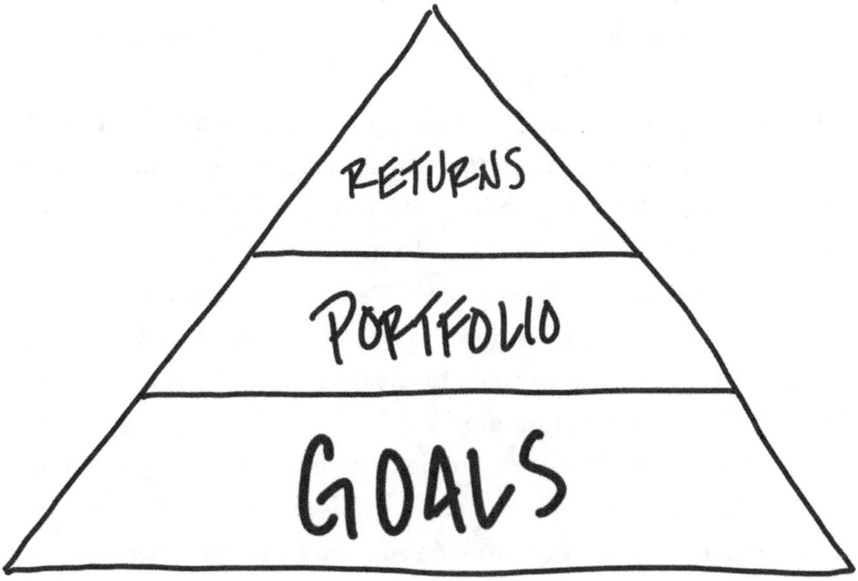

Rendimientos

Cartera

Objetivos

Blair duQuesnay es CFA (analista financiera certificada), CFP® (planificadora financiera certificada) y trabaja como asesora de inversiones en Ritholtz Wealth Management. Trabaja con los clientes para crear planes financieros sostenibles y estrategias de inversión, y es miembro del comité de inversiones de la empresa.

DuQuesnay es colaboradora habitual y comentarista de la industria de servicios financieros. Es autora del artículo de opinión "Consider Firing Your Male Broker" publicado en *The New York Times* en enero de 2019. Ha aparecido o se la ha citado en publicaciones diversas como *The Wall Street Journal*, *Forbes*, *InvestmentNews*, *Morningstar Advisor Magazine* y *Business Insider*. Ha sido oradora y panelista en la Conferencia Anual de CFA, la Conferencia de Inversión de Morningstar y la Conferencia de Gestión de Patrimonio CFA.

DuQuesnay es CFA Charterholder (analista financiera certificada) y ha sido miembro de la CFA Society of Louisiana desde 2011 y miembro de su junta desde 2014. Fue también su presidenta entre 2016 y 2017.

DuQuesnay y su marido viven en Nueva Orleans con sus dos hijos pequeños.

En una conferencia para asesores financieros hace varios años, asistí a una sesión de Tim Maurer, un asesor muy conocido, orador y escritor que actualmente dirige el departamento de desarrollo asesor de Buckingham Strategic Wealth. Maurer comenzó preguntando al público: "¿Cuál es tu primer recuerdo del dinero?". Me estrujé el cerebro, pero en ese rato no fui capaz de saber cuál fue mi primer recuerdo sobre el dinero.

Los primeros recuerdos sobre el dinero crean "guiones del dinero", que son creencias internas profundamente arraigadas sobre el dinero. Los guiones comunes son: "El trabajo duro da dinero", "La riqueza heredada no es buena" y "La gente pobre es vaga". Una vez desarrollados, los guiones del dinero son difíciles de cambiar. La investigación sobre la psicología de los guiones del dinero revela que pueden dar forma a nuestras vidas de manera esencial. Entender nuestros guiones del dinero puede eliminar obstáculos para conseguir nuestras metas financieras en la vida.

La respuesta más común a la pregunta de Maurer era el hada de los dientes. Qué maravilla que toda la sociedad haya formulado sus creencias fundacionales sobre el dinero basándose en una criatura mágica que se cuela en las habitaciones en plena noche para darnos dinero por los dientes que se nos han caído. Aunque las implicaciones que esto tiene dan miedo, si te paras a pensarlo bien.

No me di cuenta hasta más tarde, esa misma noche, de que mi primer recuerdo del dinero era el cepillo de la iglesia. El cepillo se pasa alrededor de los bancos para recoger una donación semanal de todos los feligreses que van el domingo. Mi primer recuerdo formativo del dinero es de personas que lo donan voluntariamente para apoyar a su iglesia y el trabajo que hacen en la comunidad. He pensado a menudo sobre cómo este recuerdo ha dado forma a mis decisiones financieras.

Me labré una carrera en las finanzas porque me enamoré de los mercados y de las inversiones durante la universidad. Al principio, era una seleccionadora de acciones que admiraba a Warren Buffett. Siguiendo su consejo de "compra lo que conoces", la primera acción que compré fue de los grandes almacenes Nordstrom. Unos años después, transgredí el periodo de tenencia que sugiere Buffett —"para siempre"—, y las vendí para dar un depósito para un estudio en el centro de Manhattan.

Mi filosofía de inversión cambió cuando leí el libro de Charles Ellis *Ganar jugando a no perder*. El libro fue un regalo de mi jefe de entonces, Michael Goodman, fundador de Wealthstream Advisors, Inc. Ellis me convenció de que intentar batir al mercado es una propuesta perdedora. En el golf, el par es una buena puntuación y evitar *bogeys* es más importante que hacer *birdies*. Muy pocos inversores profesionales vencen al mercado de forma consistente teniendo en cuenta los costes. La conclusión más importante de los libros de Ellis es que el rendimiento del mercado es un buen rendimiento. La proliferación de fondos indexados de bajo coste significa que el rendimiento del mercado es nuestro, si lo aceptamos. No he comprado acciones individuales desde que leí ese libro.

Siempre he priorizado el ahorro pagándome a mí primero. Al principio de mi carrera esto equivalía a nada más que una pequeña aportación a mi plan de jubilación 401(k). Me aseguré de obtener el aporte equivalente del empleador (*match*) contribuyendo con la cantidad mínima para conseguirlo. Hace diez años, me mudé a Nueva Orleans y tomé la decisión de abrir mi propia oficina como planificadora financiera y asesora de inversiones. Para financiar el negocio y la falta de salario, gasté la mayor parte de los ahorros para la jubilación que había acumulado durante los primeros diez años de trabajo. Creo que fue la mejor decisión de inversión que he tomado nunca. Aunque se me daba fatal buscar clientes y hacer crecer la empresa de asesoría, comencé a promocionarme a través de mi página web, el blog y las redes sociales. Este esfuerzo logró que mi perfil de asesora ascendiera al nivel nacional. Hago la broma de que el dinero que gasté en mi página web fue la entrevista de trabajo más cara de mi vida.

En los años siguientes, me casé, me compré una primera vivienda y formé una familia. Nuestras prioridades financieras incluían la educación para nuestro hijo de tres años y nuestra hija recién nacida, mudarnos a una casa familiar más grande y, en algún momento en un futuro lejano, algo que no se parezca mucho a la jubilación. Como planificadora financiera, he visto jubilarse a muchas personas. Algunos marchan a una nueva vida feliz, llena de viajes, amigos, aficiones y actividades. Otros luchan por encontrar un nuevo sentido a la vida. Me preocupa encontrarme en este último grupo. La jubilación es un objetivo en el sentido de que queremos una cartera que pueda sostener nuestros gastos básicos si ya no estamos ganando un sueldo.

Al seguir la máxima de pagarme primero a mí misma, una parte de cada salario se agrega automáticamente a mi plan 401(k), a una cuenta de ahorros para la universidad 529 para los dos niños y a una cuenta de reserva en efectivo. Mi meta es separarme de estas ganancias e invertirlas en nuestros objetivos a largo plazo. Intento mantener seis meses de gastos básicos en una reserva de efectivo, que se utiliza a lo largo del año para varios proyectos de reparación del hogar y gastos inesperados.

La mayoría de los años suscribo una póliza de seguro de salud que me permite hacer aportaciones a una cuenta de ahorros para gastos médicos (HSA). Los fondos de esta cuenta se pueden invertir en el mercado, lo que permite que las ganancias se acumulen para gastos relacionados con la salud más adelante. Los ahorros de esta cuenta son con dólares antes de impuestos, las ganancias dentro de la cuenta crecen con impuestos diferidos y las retiradas calificadas están libres de impuestos y multas. Esta triple ventaja fiscal es poco habitual. Sin embargo, las pólizas que cumplen los requisitos para estas cuentas tienen deducibles altos. Este año, por ejemplo, elegí un plan con un deducible menor por haber estado esperando el nacimiento de mi hija. Espero retomar los ahorros de la cuenta HSA en los próximos años y crear una cuenta de ahorros para futuros costes de atención médica.

Invierto mis cuentas de jubilación y la de después de impuestos en las mismas carteras que recomiendo a mis clientes. Mi combinación de acciones y bonos se basa en dos cosas: el horizonte temporal y la tolerancia al riesgo. Mi horizonte temporal es largo. Planeo trabajar durante al menos treinta años más, y mis hijos son muy pequeños. Mi tolerancia al riesgo es alta porque tengo la ventaja del tiempo, porque trabajo en el sector y, por tanto, conozco muy bien la relación entre riesgo y rendimiento. Eso no quiere decir que mi cartera esté al 100 por ciento invertida en acciones. De hecho, tengo el 80 por ciento en acciones y el 20 por ciento en bonos. Los bonos reducen la volatilidad a la baja y proporcionan activos líquidos de bajo riesgo para reequilibrar durante mercados bajistas.

Formo parte del comité de inversiones de mi empresa. Pasamos la mayor parte del tiempo contemplando lo que llamamos "la decisión más importante", que es la asignación de activos de las carteras de nuestros clientes. La decisión incluye una combinación de acciones nacionales e internacionales, de empresas de pequeña y gran capitalización y exposición a factores como el valor, el *momentum* y el rédito de los accionistas. A continuación, determinamos el mecanismo para implementar la decisión de la asignación de activos. Combinamos la asignación estratégica a largo plazo con decisiones tácticas a medio plazo. Si las acciones internacionales están baratas en comparación con las estadounidenses, inclinaremos la cartera más hacia las internacionales de lo que sugiere el índice de referencia. Mi cartera sigue las mismas recomendaciones de inversión que hago a los clientes. El resultado es una combinación globalmente diversificada de acciones y bonos invertidos en fondos de inversión y fondos cotizados (ETF).

Los planes 529 para mis hijos están invertidos en fondos mutuos basados en la edad que gestiona Vanguard. El plan Louisiana 529 incluye el generoso 2 por ciento de las aportaciones anuales del estado. Esto se suma a una deducción de impuestos estatales sobre la renta de hasta 4.800 dólares por matrimonio al año. A medida que mis hijos se aproximan a la edad universitaria, la asignación de activos de estas inversiones cambiará de tener sobre todo acciones a tener efectivo y bonos principalmente. Al ritmo del aumento de la matrícula universitaria que hemos visto en los últimos años, podría costar más de un millón de dólares mandar a mis hijos a estudiar a una universidad pública estatal.

Hago una excepción a la hora de invertir en algo fuera de las carteras que recomiendo a los clientes. El sector de la gestión de inversiones es pequeño, y con el paso de los años he entablado relaciones con algunas personas con muchísimo talento cuyas recomendaciones de inversión están disponibles a través de ETF. Una de ellas es Perth Tolle, creadora de Life + Liberty Indexes. Su metodología clasifica a los países emergentes según su libertad humana y económica. La tesis es que la libertad triunfa en el mercado capitalista. Compré una pequeña cantidad de su ETF en mi cuenta de jubilación Roth IRA. Espero hacer una o dos excepciones más para productos de personas que admiro. Mi experiencia como asesora financiera me ha enseñado que el "porqué" es más importante que el "cómo" cuando se trata de invertir. Mis metas financieras son mucho más importantes que el alfa o el índice Sharpe de mi cartera. Mientras priorice pagarme a mí misma y evite errores innecesarios, confío en que mi cartera de inversiones hará su trabajo.

Leighann Miko

Valor neto – Valor propio

Leighann Miko es CFP® (planificadora financiera certificada) y fundadora de Equalis Financial, una empresa independiente *fee-only* (solo honorarios) con sede en Los Ángeles que ofrece servicios de planificación financiera, gestión de negocio y gestión de inversiones.

A Miko le entusiasma empoderar y dotar de servicios a comunidades con medios insuficientes. Trabaja con profesionales muy ambiciosos, sobre todo creativos del colectivo LGTBQ+ de la industria del entretenimiento. Su objetivo es ayudarlos a mantenerse en su hemisferio cerebral derecho haciendo las veces de un sustituto del izquierdo.

Comprometida con la planificación financiera que se centra en el ser humano, Miko dedica tiempo a entender a la persona en su conjunto antes de abordar sus finanzas. Este enfoque nace del deseo de ayudar a otras personas a crear la vida segura, financieramente hablando, que ella nunca creyó que tendría. Por haber crecido en un hogar que se enfrentaba a una volatilidad financiera constante, Miko sabe reconocer el valor de la estabilidad económica. También sabe lo que es sentirse infravalorada y, por eso, su misión está clara: equilibrar el campo de juego financiero para todos.

"Ser dueño de nuestra propia historia puede ser difícil, pero no tanto como pasar la vida huyendo de ella."

—Brené Brown, *Los dones de la imperfección*

¡Ay, qué cansada estoy de correr! Y el dinero, como parte de esa maratón, nunca ha sido un tema agradable. Es algo que traumatiza y debilita. Rara vez ha representado algo positivo y, cuando ha sido así, se debía a una ilusión temporal que yo misma había creado para manipularme. Hay una delgada línea psicológica entre la verdad y la autoconservación. A medida que me hago mayor, se me hace cada vez más difícil ver esa línea con claridad, ya que pertenece a mi pasado.

Me crie en un entorno financiero volátil. La estabilidad, cuando la había, era breve y solo venía de manos de un padrastro emocionalmente volátil, y lo de padrastro le quedaba grande. Digamos solamente que el día que él y mi madre se separaron, cuando yo tenía doce años, sigue siendo uno de los más felices de mi vida.

A partir de entonces, mis hermanos y yo pasamos la mayor parte de nuestros años formativos de la adolescencia al cuidado de una madre soltera que había dejado el instituto al acabar la secundaria. Ella hacía lo que pensaba que era mejor para protegernos de la dura realidad de depender de la asistencia social y de cómo nuestra comunidad lo percibía. Era nuestro secreto familiar. Solo compraba en supermercados muy alejados de los límites de nuestra ciudad para asegurarse de que no había ninguna posibilidad de que alguien se enterara de que usábamos cupones de alimentos. Aunque mi madre nunca me explicó directamente por qué no compraba en las tiendas cercanas, sabía que le daba vergüenza y eso se me quedó grabado. Lección aprendida: tu valor está ligado a tu patrimonio neto.

A pesar de los apaños de mi madre y su determinación para llegar a fin de mes, muchas veces volvía de clase y me encontraba con que nos habían cortado la electricidad o el gas. Casi siempre me encargaba yo de llamar y suplicar a la compañía eléctrica que volviera a conectar los suministros para que mi madre no tuviera que gestionar estas cuestiones personales cuando estaba trabajando. Yo tenía trece años. Cuando no eran los suministros o el coche embargado, había que rogar a los caseros que retrasaran el proceso de desahucio, varias veces en vano. Y cada vez que el desastre salía a la luz, ella se quedaba visiblemente derrotada. La mirada de miedo y decepción en su rostro intentando sonreír como fuera fue mi motivación para evitar repetir ese ciclo. Y conseguí evitar repetirlo, más o menos.

Demos un salto adelante a mi mayoría de edad. Recuerdo cuando pedí y recibí mi primerísima tarjeta de crédito. Parecía la mañana del día de Navidad. Acababa de cumplir 18 y me embaucaron con lo de poder elegir el diseño de la tarjeta. (Los de marketing saben lo que hacen.) Cuando me llegó al correo unas semanas después, recuerdo que ese trozo de plástico verde me supuso una alegría inmensa y ridícula. Con 200 dólares de límite de crédito. La libertad. Me dije: "Solo para emergencias". Dos semanas me duró. Pero qué idea tan bonita.

Todavía me acuerdo de la primera compra que hice. Era un top a rayas azul y verde de Pacific Sunware que me costó unos 18 dólares. Tirar de ese hilo psicológico suelto es todo lo que hizo falta para desencadenar una serie de acontecimientos que durarían dieciocho años. Por no hablar del breve par de semanas que tardé en fundir ese límite de crédito de 200 dólares. Mis problemas de dinero se habían hecho mayores también y era hora de liberarlos y que tomaran sus propias decisiones estúpidas.

El conflicto interno sobre el valor del dinero creaba tal división en mi cabeza que era como si hubiera desarrollado dos personalidades paralelas. Por una parte, la niña desesperada que intentaba llenar un vacío interior comprando cosas sin sentido para obtener una gratificación instantánea. Y, por otra, la adulta responsable y con estudios que sabía cuáles son las consecuencias de sus actos y se negaba a pagar el precio completo de cualquier cosa, aunque podía permitírselo. Y esto es algo que sigo haciendo a día de hoy. En consecuencia, mis hábitos de consumo oscilaban entre la urgencia de gastarlo todo y la necesidad de atesorarlo todo. Si bien casi siempre pasaba lo primero.

En 2019 hice de la salud mental una prioridad para poder darme margen y pasar de ser la persona que creo que soy a la que en realidad soy. Parte de esto es una honestidad brutal conmigo misma, sobre todo en lo que a motivaciones y valores se refiere. A pesar de mi relativo éxito, aún hay una desconexión profunda entre donde estoy y donde creo que estoy en la vida. Me siento todavía como esa niña que necesitaba la asistencia social, y así es como la gente me ve. Pero sobre el papel soy experta en finanzas personales, aunque no soy capaz de ver la coherencia de las mías.

Lo que me ha detenido durante tanto tiempo es un pensamiento que se repite. Se suponía que yo no llegaría tan lejos. Es como si me hubiera colado por un agujero de la puerta y estuviera esperando a que venga alguien de seguridad para sacarme y decirme que no soy lo bastante buena para estar aquí. Creía de verdad que sabía por qué me metí en la industria de las finanzas personales. Me equivoqué. Con trece años de carrera está clarísimo. Escogí este negocio para ayudar a la gente a crear la vida que yo nunca pensé que tendría.

Siempre soñé con cómo sería conducir un buen coche que no te fueran a embargar, tener una casa de la que no te pudieran desahuciar, viajar más allá de 50 kilómetros de mi casa, tener la sensación de seguridad financiera. Así que, pensé, al menos puedo ayudar a la gente a que haga todo eso y vivirlo indirectamente. Era como jugar a los disfraces. Podría probarme el estilo de vida de cada cliente, ponérmelo de prueba en mi cabeza y volver a la realidad.

Bueno, ahora ya está ahí. Es el momento del cambio, y como diría el gurú de las finanzas personales George Kinder: "¿Cómo quieres que sea entonces?".

Así que esto no trata tanto de cómo perfeccioné la fórmula para vivir con mis valores y alinear mis decisiones de gastos, ahorros e inversiones en torno a eso. Todo esto sigue siendo nuevo para mí.

Es, más bien, una carta abierta para mí misma y para cualquiera que necesite que le recuerden que esto requiere trabajo y práctica. Hasta que no descubrimos qué es de verdad lo más importante para nosotros no podemos tomar medidas significativas para pasar a vivir esa verdad. Y al contrario de lo que se cree, está bien tomar decisiones que en teoría no tienen sentido. Algo que nunca hago ni recomiendo que haga nadie es tomar una decisión basada únicamente en el rendimiento o resultado económico. Hay otra cara de la moneda que es igualmente importante, si no más aún.

He aprendido a orientar mis gastos sabiendo que mi dinero no solo me sirve a mí, sino también a otras personas. Intento gastar mi dinero de manera que dé el mayor beneficio para la mayoría de la gente. Dono dinero a organizaciones de base local antes que a grandes organizaciones financiadas por empresas. Los soldados locales en el campo de batalla son los que cambian las cosas. Compro obsequios de organizaciones que crean oportunidades laborales o facilitan formación laboral para ayudar a romper los círculos viciosos del sinhogarismo y la adicción a las drogas, sobre todo en el área de Los Ángeles, donde he vivido siempre.

Lucho contra la comodidad y la velocidad de Amazon intentando comprar en comercios locales y apoyar a los pequeños negocios siempre que puedo. Casi nunca como en restaurantes de grandes cadenas y dejo buenas propinas porque los camareros y camareras no están bien valorados. ¿Dónde están mis antiguos camareros? Y quienes me conocen un poco saben que me encanta la cerveza artesanal, así que compro en una tienda local que vende cerveza de pequeñas cervecerías locales y nacionales.

Como he llegado a un acuerdo con mi pasado, sé que mi yo futuro apreciará de verdad que mi yo presente no se entregue a la gratificación instantánea, sobre todo si mis valores no se alinean con la compra. Así es como he cambiado mi manera de pensar respecto al ahorro. Obtener una comprensión más profunda de lo que importa de verdad me ha dado más control sobre cómo gasto mi dinero, o más bien cómo no lo gasto. Aunque preguntarse "¿esto lo valoro de verdad?" antes de cualquier compra no es muy práctico, saber que mi yo futuro está tentándome sin duda ayuda.

Algunas cosas nunca cambian. Siempre apoyaré a los desvalidos. Siempre apoyaré el trabajo duro. Siempre seré la que más anime a mis amigos y clientes.

Perth Tolle

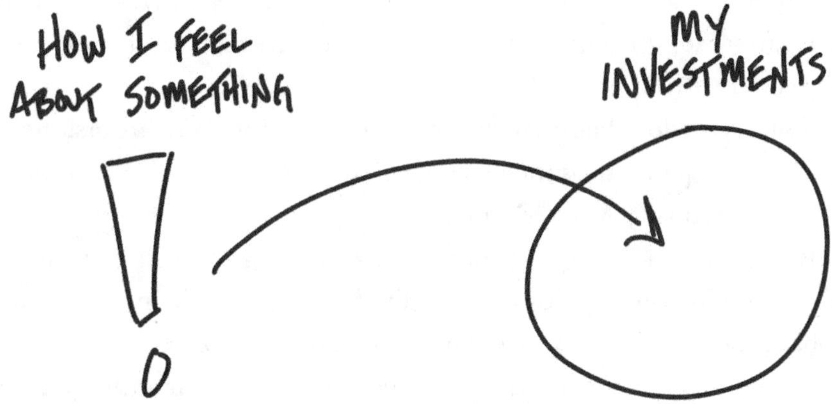

Cómo me siento sobre algo – Mis inversiones

Perth Tolle es fundadora de Life + Liberty Indexes. Antes de crear Life + Liberty Indexes, Tolle fue asesora de patrimonio privado en Fidelity Investments en Los Ángeles y Houston. Antes de Fidelity, vivió y trabajó en Pekín y Hong Kong, donde sus observaciones la llevaron a explorar la relación entre la libertad y los mercados.

Tolle es oradora habitual en eventos de la industria de inversiones y comentarista para varios medios financieros como *Barron's*, Bloomberg, CNBC, Cheddar y MarketWatch.

El ETF Life + Liberty Freedom 100 Emerging Markets y su índice subyacente fueron elegidos Mejor ETF de renta variable internacional/global e índice del año en 2019 en los premios ETF.com

Tolle fue nombrada una de las diez personas que seguir en 2020 según la revista *Wealth Management* por su trabajo sobre invertir en libertad.

Tenía que ser un conductor de Uber con su sabiduría quien te ayudase a formular tu visión sobre las inversiones. Hace un par de años en el Condado de Orange, mi conductor, Charlie Clark, y yo estábamos charlando para pasar el rato. Me contó que fue profesor de canto de Gwen Stefani cuando iba al instituto. Sabía mucho de música y del proceso creativo. Un par de cosas que comentó se me quedaron grabadas: "El artista crea de manera que transmite cómo se siente sobre algo y cómo piensa al respecto" y "Las palabras y las notas no son música, son cosas abstractas en una hoja; tú tienes que darles vida".

Para demostrarlo, se puso después a cantar sus propias versiones de Frank Sinatra. No hacía falta que cantara para demostrar que tenía razón porque yo ya sabía exactamente a qué se refería. Para mí, invertir es tanto una carrera creativa y una forma de expresión como un ejercicio intelectual o científico. Y yo me expreso a través de los índices. Mis inversiones son una manera de transmitir cómo me siento con respecto a alguna cosa, así como también lo que pienso al respecto. A través de mi trabajo como creadora de índices, mi misión es abrir caminos para que otros sean capaces de hacer lo mismo.

Veo mis inversiones personales como herramientas al servicio de esta misión: son palabras y notas en una hoja. Una cosa es acumularlas, y otra es hacer que sean música y darles vida.

Antes de empezar con mi empresa de índices, fui asesora financiera en Fidelity Investments. Me encantaba ese puesto. Sin embargo, recuerdo con nitidez el momento justo antes de dejar Fidelity, cuando estaba mirando mis declaraciones de corretaje y pensé que había llegado a un punto donde ganar más dinero no tenía sentido ni era necesario.

Sabía que era la hora de crear mi propia empresa para poner en marcha la inversión en libertad. Fue duro dejar Fidelity, porque era como mi casa, y empezar algo nuevo, sobre todo un ETF, era algo arriesgadísimo. Pero no podía seguir negando mi deseo y decidí que valía la pena arriesgarse. Mis ahorros e inversiones de esa época me facilitaron la seguridad financiera necesaria para dar el salto. Mi objetivo actual con mi cartera es que siga creciendo a un ritmo sostenible para poder centrarme en la misión de mi empresa sin tener que preocuparme por las finanzas personales.

Con mis inversiones, soy la combinación de dos clichés: soy una profesional de las inversiones que tiende a descuidar sus propias cuentas. En su mayor parte, tengo los instrumentos de menos mantenimiento posible, como ETF y fondos mutuos indexados.

Me estoy jugando el pellejo: estoy sobreponderando muchísimo los mercados emergentes más libres en el ETF basándome en mi propio índice.

Mis activos invertibles se pueden dividir en cuatro objetivos/grupos (y las asignaciones de activos de cada uno).

1. Fondos de emergencia a corto plazo (100 por ciento mercado monetario)

Mantengo el equivalente a un par de años de gastos básicos de subsistencia y fondos de emergencia en mercados monetarios porque dirijo un negocio nuevo, que está en una etapa previa a la obtención de beneficios y del que actualmente no obtengo un salario. Es la caja b que me permite seguir con mi sueño hasta que la empresa sea rentable.

2. Inversiones generales y efectivo para oportunidades de inversión (50 por ciento acciones, 50 por ciento efectivo)

Es una cuenta de corretaje donde tengo acciones y ETF que no forman parte de mi estrategia principal. Son empresas con las que disfruto y en las que creo, o ETF con cuestiones que me parecen prometedoras. Tengo algunos productos de otros compañeros emisores de ETF independientes en esta cuenta. Una de las cosas que más me gusta del negocio de los ETF es poder estar al lado de gente brillante con ideas innovadoras y poder usar sus productos antes de que sean muy conocidos.

3. Jubilación (90 por ciento acciones, 10 por ciento bonos)

Este es el grupo de activos más grande de mis objetivos/grupos de inversión, en su mayoría extendidos de mi cuenta Fidelity 401(k). Aquí tengo algunos fondos de Fidelity de coste bajísimo: acciones estadounidenses de capitalización grande, mediana y pequeña. En algún momento tengo la intención de cambiarlos por los ETF correspondientes, pero no es una prioridad ahora mismo, ya que no opero con ellas para nada. Mis colegas de ETF se ríen de mí por tener todavía fondos mutuos en la cuenta. Para la gente de la industria de los ETF, los fondos mutuos, incluso los fondos mutuos indexados, son un anacronismo. Pero a este precio, en una cuenta IRA para la jubilación, me lo puedo permitir. Tengo también algunos fondos de bonos que he rechazado cambiar por equivalentes ETF de menor coste.

El resto y la mayor parte de esta cuenta está en acciones de mercados emergentes dentro de Freedom 100 EM ETF (FRDM), el ETF basado en mi índice. Esta posición representa más de la mitad de mis participaciones a largo plazo en todas las cuentas. Es una estrategia de mercados emergentes ponderada con la libertad que utiliza métricas de libertad personal y económica para determinar las ponderaciones y asignaciones de los países. Los países más libres tienen ponderaciones más altas, los menos libres tienen ponderaciones más bajas, y los peores actores están excluidos. Así que no hay asignaciones en los mayores infractores de derechos como China, Rusia y Arabia Saudí.

Creo en el potencial de crecimiento a largo plazo de los mercados emergentes y en el poder de las personas libres para impulsar ese crecimiento. Como la mayoría de los demás fondos de mercados emergentes tienen el 50 por ciento de sus asignaciones en regímenes autocráticos debido a la ponderación de capitalización de mercado, la ponderación de libertad tiene para mí todo el sentido. Al mismo tiempo es una manera de expresar mi preferencia por la libertad de mi cartera.

Es una asignación muy agresiva, y mientras escribo estas líneas estamos experimentando una recuperación de los mínimos de la crisis de la COVID-19 de 2020. Ha habido varios momentos en los últimos meses en que los amigos y compañeros con más años de experiencia, que podían ver las cosas desde fuera y dejando aparte las emociones, me han convencido de no tomar medidas imprudentes con las cuentas. Ese es el poder de la responsabilidad de las personas en quienes confías y a quienes respetas.

Ceñirse a un plan de inversiones es complicado, y no recomiendo hacerlo a solas. Tengo la suerte de estar rodeada de expertos en inversión que conocen bien este negocio. Un buen asesor financiero que conozca tu trayectoria tiene un valor incalculable para la mayoría de los inversores. Dicho esto, algo que nunca he considerado reducir es mi posición en FRDM. Es un truco de inversión conductual: invierte en lo que crees y sé firme con tu convicción, y probablemente tendrás mejores resultados evitando vender en los peores momentos.

4. Donaciones benéficas (20 por ciento acciones, 80 por ciento bonos)

Tengo una cuenta de donaciones benéficas para contribuir con acciones en especie muy apreciadas, y obtener beneficios fiscales inmediatos sin tener que guardar una factura por cada beneficiario. Hace muchos años, antes de que tuviera algo de dinero, compré una participación simbólica de GOOG porque plantaban cara al Gobierno chino por la censura.

Esa participación se multiplicó con el tiempo y desde entonces se ha transferido a esta cuenta en especie. Mi valor más apreciado actualmente es AAPL, y tengo previsto donar algunas de esas acciones de Apple.

Algo con lo que tendría cuidado al usar este tipo de cuenta es la tentación de retrasar las distribuciones para mantener la inversión en la cuenta benéfica, pues anula su finalidad. Las características organizacionales y de las contribuciones en especie son buenas, pero recuerda que el objetivo es conseguir contribuciones para que los destinatarios las usen en el mundo real. Debido al breve periodo de tiempo durante el cual las contribuciones en esta cuenta se convierten en distribuciones, utilizo una asignación conservadora (20/80) para estos fondos.

Estas son solo mis inversiones personales. No he hablado de activos comerciales donde están mis propias contribuciones de capital, así como las de mis socios comanditarios, y que considero inversión privada.

Creo de verdad que si sientes la necesidad de hacer algo estarás preparado para hacerlo y a veces hasta te reafirmarás durante el proceso. Mi encuentro con Charlie fue una de esas situaciones que te reafirman. Me di cuenta de que invertir puede ser una forma de expresarse. Y me recordó que estoy aquí para hacer música; no para acumular notas en una hoja, sino para darles vida.

Joshua Rogers

Vivir bien - Invertir

Joshua D. Rogers es fundador y CEO de Arete Wealth, una empresa especializada en la gestión de patrimonio para personas e instituciones de altos ingresos.

Rogers aporta veinte años de experiencia a su liderazgo de más de treinta oficinas y más de 140 asesores en Estados Unidos. Durante su mandato, la empresa ha experimentado un crecimiento anual de los ingresos.

Antes de dedicarse a los servicios financieros, Rogers dejó la facultad de Derecho de Georgetown para dedicarse a la innovación y a coinventar patentes, entre ellas los conceptos de *e-commerce* "Name Your Own Price" que impulsa Priceline.com. Su carrera dio un giro hacia las finanzas cuando ascendió en una empresa de corretaje de Wall Street y después en American Express Financial Advisors y Ameriprise Financial.

Rogers se graduó en St. John's College, en Annapolis, Maryland, donde es profesor adjunto y miembro electo de la junta que supervisa los comités de finanzas, inversiones y auditoría de la universidad.

Encuentra la energía para llevar una carrera llena de logros al equilibrarla con sus intereses personales como viajar por el mundo, escribir libros y coleccionar obras de arte.

Aforismos sobre las inversiones al estilo de Nietzsche y La Rochefoucauld

El estilo de escritura del aforismo es peligroso porque tienta al lector a pensar que está leyendo algo de un género literario o filosófico menor. Estamos inclinados a pensar en la máxima o el aforismo como una mera recreación lúdica, las cavilaciones aleatorias de una mente menos seria que la narrativa más sistemática y continua que la ciencia rigurosa requiere.

Con todo, las ideas filosóficas más serias y penetrantes que todavía recuerdo veinte años después han venido muchas veces de pensadores que eligieron el estilo aforístico: empezando con Heráclito, pasando por La Rochefoucauld, Nietzsche y, en el mundo actual..., ¡Twitter! Gran parte de la sabiduría actual se ve forzada a condensarse en aforismos del tamaño de un tuit.

En mi opinión, el aforismo es el estilo del pensador humilde. En lugar de sermonear al lector con largos párrafos y frases mal redactadas, el aforismo no busca explicar ni dictar, sino describir la propia experiencia en fragmentos del tamaño de un bocado.

El aforismo no se toma a sí mismo demasiado en serio. El escritor de aforismos solo sabe que Sócrates dijo que lo único que sabía era que no sabía nada.

Por tanto, uno puede seguir mis aforismos o no, ya que no son más que mis cavilaciones sobre invertir, y lo que es más importante, sobre vivir bien.

Dónde invertir

- Los mercados públicos se han vuelto tan eficientes debido a los avances en la tecnología de la información que es imposible lograr (legalmente) cualquier ventaja informativa. Por tanto, me interesa más invertir en mercados que sean menos eficientes y donde se puedan obtener ventajas informativas de manera fácil y legal. Ejemplos de estos tipos de mercados son: bienes raíces (todas las clases de subactivos), negocios operativos privados, capital riesgo, bellas artes, buenos vinos y licores, relojes, coches de coleccionista, antigüedades, metales de tierras raras y criptomonedas.
- Warren Buffett dijo la célebre frase: "Invierte en lo que conoces". Yo voy un paso más allá y afirmo: "Invierte en cosas que te encanta tener y en las que te obsesiona investigar para conocerlas mejor".
- Tengo una fuerte preferencia por invertir en activos tangibles, mejor aún si también puedo obtener algún tipo de uso o disfrute de esos activos en mi vida.
- Al mirar mi balance, mi mayor activo y mi mayor inversión individual es mi propio negocio. Siempre he sentido que prefería invertir en algo que yo controlo a algo sobre lo que no tengo ningún control, como el índice S&P 500. Preferiría ser el conductor del coche a ser un pasajero a bordo de un autobús con millones de personas en la parte de atrás rezando para que no se estrelle.
- Prefiero la idea de que, si pierdo dinero por invertir en mi propio negocio, no tengo a nadie más a quien echarle la culpa que a mí mismo. Pero, cuando se invierte en acciones de empresas cotizadas, se puede echar la culpa a todo tipo de personas o factores fuera de nuestro control cuando las cosas no van bien. Este camino lleva a una mentalidad victimista sobre la vida y las circunstancias. Hay que rechazar este tipo de caminos.
- Después de invertir en uno mismo, es decir, en el propio negocio o negocios, sobre los que se tiene cierto control, como, por ejemplo,

un puesto con derecho a voto en la junta, invierte en bienes raíces. En mi experiencia, los bienes raíces son la segunda forma más fiable de generar riqueza a muy largo plazo.

- Soy propietario absoluto o socio comanditario de una amplia gama de clases de subactivos inmobiliarios. Mis inversiones incluyen: una residencia unifamiliar, una residencia multifamiliar, tierras de cultivo, centros de distribución industrial y trasteros. He obtenido rendimientos excepcionales (particularmente ajustados a impuestos) en casi todas mis inversiones inmobiliarias.
- Invierte en activos que te encanten. En mi caso me encantan las artes plásticas. La historia del arte siempre me ha fascinado y me encanta estudiarla. Vivir con obras de arte embellece y mejora la vida en gran medida. Además, el arte es un mercado altamente ineficiente donde se pueden tener grandes ventajas informativas. El arte mantiene constante su valor a lo largo del tiempo y en todas las condiciones económicas. El arte es uno de los pocos tipos de activos, aparte de la inversión ángel y el capital riesgo, donde es común lograr rendimientos superiores al 1.000 por ciento. Sin embargo, con un potencial alcista tan enorme, el arte es también notablemente estable. Desde 1985, todo el mercado del arte contemporáneo (nivel de subasta) ha tenido una rentabilidad del 7,5 por ciento anual.
- También me encantan los buenos automóviles y los buenos vinos y licores. No solo puedes obtener grandes ganancias, sino que también puedes disfrutar de tus inversiones. ¿Se puede decir lo mismo de tener acciones en una empresa o un ETF? Un ETF no se puede colgar en la pared, ni conducirlo, ni beberlo.
- Hay que mirar siempre hacia el futuro y aprovechar las oportunidades invirtiendo en empresas futuristas o nuevas clases de activos. En mi caso, mi inclinación a favor de los activos duros combinada con mi experiencia durante la época del internet 1.0 como coinventor de Priceline.com me llevó a comenzar a invertir en Bitcoin y otras criptomonedas hace tres años. Desde entonces, también comencé

un fondo de cobertura de criptomonedas con dos socios más que son veteranos en el ámbito blockchain/cripto y miembros de Satoshi Roundtable. Bitcoin ha sido el activo individual con mejor rendimiento de la última década con diferencia.

La ley del dar

- Las personas que están demasiado obsesionadas con sus inversiones personales (por ejemplo, mirando su cartera diez o veinte veces al día o algo similar) puede que consigan resultados decentes en el corto o medio plazo, pero a largo plazo tienden a la autodestrucción (de sus carteras o su patrimonio neto) por estar demasiado encima, ser demasiado susceptibles y demasiado tacaños con el dinero. He aumentado mi patrimonio neto al acatar un principio del libro de Deepak Chopra de 1994, *Las siete leyes espirituales del éxito.* La segunda ley es "la ley del dar". Cada día haz un regalo a quien te encuentres: un cumplido, energía positiva, una flor. Recibe regalos con gratitud. Mantén la riqueza en circulación dando y recibiendo cuidado, valor, información, aprecio y amor.
- El dinero y la acumulación de riqueza funcionan como la circulación de la sangre en el cuerpo. Si una persona está siempre preocupada por su dinero, temerosa del riesgo y la pérdida, es tacaña, poco caritativa, sospechosa, obsesionada con los honorarios, etcétera, es como ponerle un torniquete a una extremidad del cuerpo: cortas la circulación adecuada y el flujo de sangre, lo que provocará la amputación o la muerte. En vez de eso, haz que el dinero esté en movimiento. Sé generoso, arriésgate con tus inversiones (se te recompensará), deja que otros ganen dinero también, invierte en personas que te gusten y en quienes confíes. Este tipo de enfoque crea una energía de generosidad y positividad que redunda en más movimiento, abundancia y, por tanto, abundantes rendimientos de inversor (pero también rendimientos espirituales).

- El karma puede ser importante para lograr la acumulación de riqueza, pero es sin duda alguna importante en el mantenimiento de la riqueza.

Sobre los impuestos

- Las normas fiscales favorecen enormemente dos tipos de inversiones: tener un negocio propio y la inversión o la propiedad de bienes inmuebles (no REIT ni ningún otro valor disponible públicamente que invierta en bienes inmuebles). Como dicen los agentes de bolsa: "No luches contra la Reserva Federal"; yo digo: "No luches contra Hacienda, fluye con ellos y que el dinero fluya hasta mí".
- Hay que preocuparse menos por las tarifas que implica invertir y más por los impuestos. Los impuestos generan un lastre en la inversión de entre el 20 y el 35 por ciento. Las tarifas nunca superarán el 5 por ciento, ni en los casos más flagrantes.

Sobre el matrimonio y el divorcio

- Una de las mejores inversiones que se pueden hacer es pagar un acuerdo prematrimonial firme antes de la boda. El divorcio (con hijos de por medio) es increíblemente caro y, por tanto, una pésima inversión.

Sobre asesores financieros

- Como asesor financiero colegiado durante más de veinte años, es un hecho reconocido en el sector que al menos el 75 por ciento de los asesores financieros profesionales son herreros que usan cuchillos de palo.
- Wall Street es el único lugar donde las personas que conducen un Toyota Camry asesoran a gente con Bentleys sobre cómo gestionar su dinero.

- Creo que es natural que cuanto más tiempo dedica un artesano a su oficio, menos disfrutará o consumirá lo que hace o trata. De ahí que al panadero no le guste comer pan, y que el carnicero se haga vegetariano. En mi caso, después de tantos años de analizar acciones y mercados públicos, encuentro ahora aburrido y sin gracia invertir en acciones, bonos, fondos mutuos y ETF.
- Aún no he conocido a nadie cuyo enfoque principal en la inversión sea minimizar las tarifas y que sea además una persona feliz, bien adaptada y agradable con la que tratar.
- Todo el mundo debería tener un asesor financiero, aunque solo sea por tener un confidente que dé su opinión y que sea menos sensible con el dinero que uno mismo.

Sobre la mentalidad correcta para invertir

- Según mi experiencia, cuanto más intenso y emotivo es el "odio" de mucha gente por una inversión concreta, más claro queda que es una buena señal para comprar. Esto es exactamente lo que me sucedió con el bitcoin durante los últimos tres años (mi rendimiento ha sido aproximadamente del 500 por ciento en ese periodo), y lo que me sucedió al comprar inmuebles multifamiliares a principios de 2009.
- Evita la tendencia de evitar pérdidas. Al enfrentarnos a una pérdida en una inversión, hay que preguntarse por el coste de oportunidad al que se está renunciado al seguir con la inversión perdedora esperando que mejore. Los buenos agentes pasan página rápida y asépticamente de las inversiones perdedoras para centrarse en buenas inversiones. Por no hablar de que he visto que aferrarse a inversiones perdedoras (o concentrarse en exceso en estas) debilita todo tu estado mental, lo cual resulta perjudicial en muchos sentidos. Esto se remonta a uno de mis anteriores principios de inversión, que es mantener un control mental distendido sobre las inversiones.

Ten sentido del humor. Relájate. Sonríe mucho. Acepta que toda inversión implica riesgo y que, por lo tanto, a veces hay que perder.

- Tenía un primo mayor rico que, después de retirarse a una casa enorme en la playa de los Hamptons, me dijo entre puros y *whiskys*: "He empezado diez negocios en mi vida. La única razón por la que soy rico es porque seis fueron bien y cuatro fueron un fracaso rotundo. Lo que significa que fue el movimiento de una sola empresa la que cambió todo".
- Quien menos se preocupa, gana.

Jenny Harrington

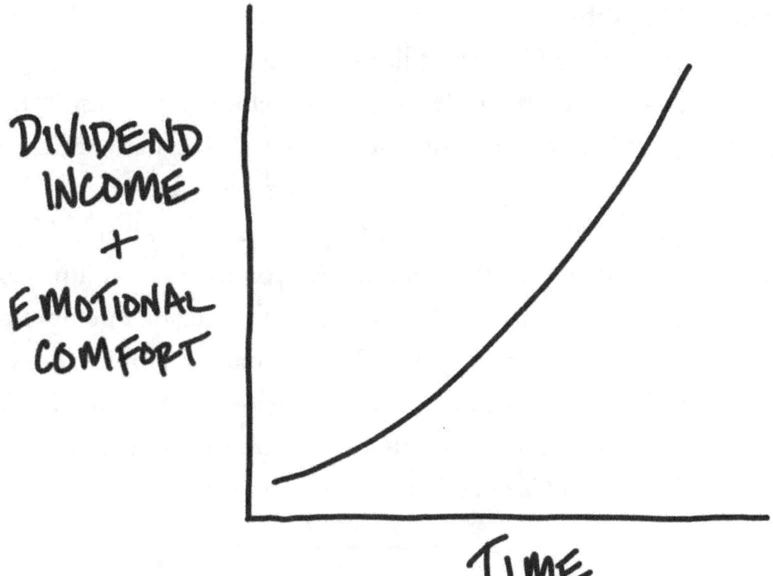

Ingresos por dividendos + Confort emocional Tiempo

Jenny Harrington es CEO de Gilman Hill Asset Management y gestora de cartera de Equity Income, la estrategia insignia de la firma. También colabora en la cadena CNBC, donde aparece en Halftime Report y World Wide Exchange.

Antes de unirse a Gilman Hill, Harrington era vicepresidenta y gestora asociada de cartera en Neuberger Berman. Comenzó su carrera en Goldman Sachs, donde trabajó como analista asociada y financiera en los departamentos de gestión de inversiones y acciones.

Harrington tiene un máster en negocios de la Universidad de Columbia y cuenta con una licenciatura en Economía de Hollins College, donde se doctoró *cum laude* con honores, y fue elegida miembro de Phi Beta Kappa. Es fideicomisaria de la Universidad de Hollins, donde forma parte de los comités de auditoría, finanzas e inversiones. Harrington vive con su marido, dos hijos y una colección de animales en una casa histórica de 1784 en Connecticut.

Jenny Harrington

Soy inversora de ingresos por dividendos, tanto de manera personal como profesional. Lo que compro para mis clientes lo compro para mí.

Vale, vale, puede que tenga una posición dudosa en Facebook por esas acciones que compré en 2012 después de que cotizara por debajo del precio de salida a bolsa, y tal vez unas pocas acciones de Twitter que compré después de escuchar a Bill Miller hacer una defensa de lo más convincente en 2015. Pero eso es cosa mía y de las acciones de crecimiento.

En mis carteras personales, solo tengo acciones que cotizan en bolsa y que pagan altos dividendos, que no es lo que la mayoría de la gente esperaría de una persona extrovertida de 44 años. Sin fondos de ningún tipo, ni alternativas, ni bonos, solo acciones. Ni siquiera tengo participaciones de la empresa de helado superexitosa de mi hermano porque me niego a arriesgar mi relación personal con él por cuestiones de dinero.

En cambio, compro MLP (*master limited partnership*; en español, sociedades de participación limitada) por sus ingresos constantes y beneficios fiscales. Me gustan mucho los grupos de inversión en activos inmobiliarios que recaudan rentas y las reparten con los accionistas. Me encanta saber que cada empresa en la que invierto me pagará en efectivo cada trimestre y que todo mi rendimiento no depende por completo de la percepción, a menudo voluble, de otros inversores sobre la valoración "correcta" de las empresas.

Tuve una clienta estupenda, Betty, que me enseñó algo muy importante. Yo tenía poco más de 30 años y Betty, 92. Acababa de salir de la Escuela de Negocios de Columbia y era todo idealismo. Cuando asumí la cartera solo de acciones de Betty, le sugerí prudentemente que agregara unos bonos a su cartera. Y en resumidas cuentas me dijo algo así: "He tenido acciones desde que era niña cuando me las compró mi padre, luego mi marido y yo compramos más, y desde que él murió (muchos años antes) he comprado acciones para mí. Siempre me han proporcionado todos los ingresos que necesito para vivir. Los bonos no crecen y tampoco sus ingresos. ¿Para qué quiero otra cosa que no sean acciones?". Como tengo un horizonte personal de largo plazo y valoro mucho los ingresos, desde entonces estoy firmemente atrincherada en la escuela de asignación de activos de Betty.

Me he hecho experta en dividendos en gran parte por casualidad. En 2001, me llamó un cliente y me dijo: "Oye, Jen, me estoy preparando para la jubilación, así que necesito ingresos. Pero solo tengo 55 años y también quiero crecimiento. ¿Cómo me podrías ayudar?". Para lograr estos objetivos que no son siempre compatibles, lo cierto es que solo había un enfoque viable. Por tanto, reposicioné su cartera principal de acciones estadounidenses en una cartera de ingresos por dividendos con el objetivo de generar una rentabilidad por dividendo del 5 por ciento o superior, con un potencial de revalorización adicional del capital a largo plazo. Y así comenzó mi gran amor por la inversión en dividendos.

Pronto llegué a la conclusión de que los dividendos eran el mecanismo más puro para el rendimiento de los accionistas. El efectivo entra en una empresa, y un buen gestor corporativo que ejecuta un plan de negocios sólido puede devolver una parte de ese flujo de efectivo directamente a sus inversores. Es sencillo de entender, pero no siempre es fácil identificar qué empresas podrán conseguirlo.

Desde un punto de vista filosófico, como tengo inculcadas las inclinaciones por el valor de mi antiguo jefe, Neuberger Berman, y por mis estudios de posgrado con Bruce Greenwald en la Escuela de Negocios de Columbia, tal vez no resulte sorprendente que tenga un trasfondo de valor, y la inversión en dividendos casa muy bien con esa mentalidad.

Simplemente me parece que tiene sentido que sea probable que las mejores inversiones a largo plazo se encuentren entre empresas que cotizan con un descuento respecto a su valor realista. Tales descuentos suponen tanto una oportunidad como un margen de seguridad. En el caso de las acciones de dividendos, un valor realista puede definirse combinando la evaluación del valor presente neto de futuros flujos de efectivo, y por considerar otros factores como el crecimiento de las ganancias futuras y los catalizadores de expansión múltiple.

Es probable que la mayoría de las personas, al pensar en la inversión de ingresos, se imaginen a ancianos jubilados cobrando sus dividendos de empresas aburridas. Y no estarían del todo equivocados. La mayoría de las empresas en las que invierto son negocios maduros con un largo historial de generación de constante flujo de efectivo en variados ciclos económicos. Aquí entrarían empresas como AT&T, IBM y Verizon; todas ellas llevan pagando dividendos más de treinta y cinco años. Sin duda, no da para entablar apasionantes conversaciones en un cóctel, por lo menos desde 1985. Con todo, desde una perspectiva intelectual y emotiva, invertir en acciones que pagan dividendos a mí me cuadra perfectamente.

Como firme creyente en la inversión en dividendos, debo señalar que es un nicho mucho más dinámico y menos monolítico de lo que cabría esperar. De hecho, algunas de mis mejores inversiones han sido en empresas que no se habrían considerado de "acciones de dividendos" tradicionales. Veamos, por ejemplo, Western Digital, fabricante de almacenamiento de datos. El precio de los productos de Western Digital es altamente cíclico, y el precio de las acciones suele ir a la par. Sin embargo, si tomamos una perspectiva algo más a largo plazo, se puede ver que, en tres o cinco años, los flujos de caja fueron consistentes, y capaces de respaldar el dividendo que la empresa comenzó a tener en 2012. Debido al movimiento en el precio de las acciones, pudimos comprar Western Digital por unos 40 dólares por acción, con un dividendo de 2 dólares a principios de 2017. Lo vendimos aproximadamente un año después por 102 dólares.

Otra de mis inversiones favoritas fue en Douglas Dynamics, un fabricante de palas quitanieves con excelentes capacidades operativas y de gestión. Al investigar esta empresa, pudimos ver que, cada año, las ventas de palas quitanieves son irregulares, pero en ciclos de ocho años las ventas son asombrosamente consistentes. El equipo directivo de Douglas gestionaba la empresa, así como también su política de dividendos, hasta este ciclo de ocho años. A finales del verano de 2011, cuando se rebajó la calificación de la deuda estadounidense, pudimos invertir en esta maravillosa empresa y retener las acciones siete años, y disfrutamos de una importante revalorización del capital a medida que el mercado en general reconocía y apreciaba poco a poco la fuerza del negocio. Al mismo tiempo, pudimos recaudar ingresos constantes a lo largo de los muchos altibajos que experimentó el mercado durante ese periodo.

Crecí en un hogar financieramente volátil y fui testigo de la desventaja de contar con posibles grandes ganancias como justificación para vivir por encima de nuestras posibilidades. Los ingresos actuales que me proporciona invertir en acciones de dividendos me ofrecen una gran tranquilidad emocional. Saber que los ingresos llegarán a mis carteras en las buenas y en las malas (como ocurrió en la crisis financiera de 2008-2009, la rebaja de la calificación de la deuda estadounidense de 2011, la *taper tantrum* de 2013, la caída del precio del petróleo de 2015-2016, el mercado bajista de 2018 y ahora la crisis del coronavirus) me da tranquilidad, convicción y confianza. Como ya sabemos, en tiempos de problemas, el efectivo manda.

También invierto mucho en mí y en mi negocio. He tenido la misma niñera para mis hijos desde el día en que nació mi hija en 2007. En aquel entonces estaba empezando en Gilman Hill y tenía que subsidiar los gastos con las ganancias de mi cuenta de jubilación, pero sabía que tener esa flexibilidad con el cuidado de los niños era la única forma en la que podría centrarme del todo en mi carrera y lo consideraba una gran inversión en el futuro de mi familia. Por suerte, ha valido la pena.

Invierto mucho en Gilman Hill, donde tenemos sistemas excelentes (¡y muy caros!), oficinas tranquilas y funcionales y una plantilla seleccionada meticulosamente y de la mejor calidad. Creo de verdad que uno obtiene lo que paga y me alegra pagar bien, quizá incluso con generosidad, para poder contratar a los mejores. Ellos hacen que Gilman Hill prospere y me permiten hacer mi trabajo y vivir la vida con la confianza y el alivio de saber que tengo un verdadero equipo de personas maravillosas a mi lado.

Michael Underhill

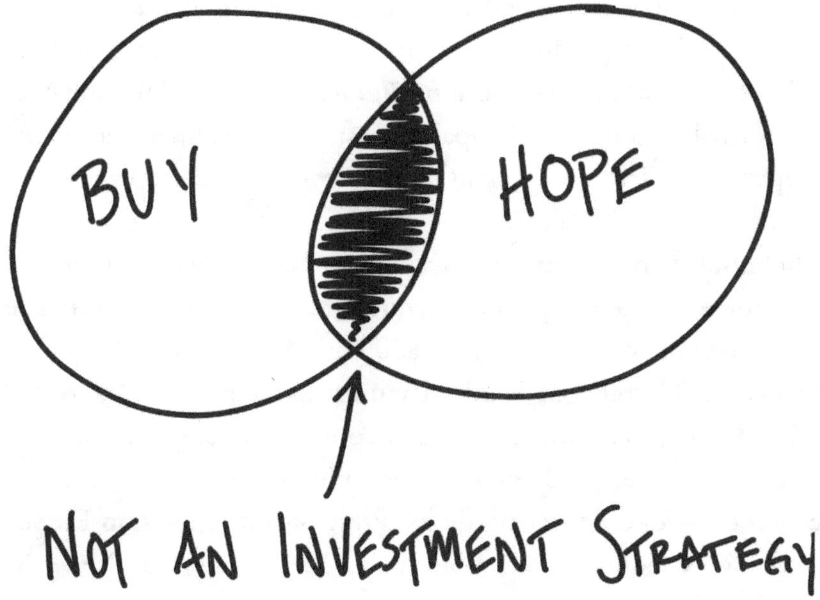

Comprar – Tener esperanza

No es una estrategia de inversión

Michael Underhill es fundador y director de inversiones de Capital Innovations. Ha sido pionero en varias estrategias de cartera no convencionales que ahora están muy extendidas: infraestructura cotizada global, madera cotizada, agroindustria cotizada y rentabilidad real en multiactivos. Estos productos han aparecido en *The New York Times*, *Pensions & Investments* y la revista *Institutional Investor*. Underhill es colaborador habitual de las principales revistas y libros financieros, autor del superventas *The Handbook of Infrastructure Investing* y es miembro del claustro del CFA Insitute.

Underhill cuenta con una licenciatura en Economía y la especialidad de Econometría Estadística de la Universidad Estatal de Pensilvania. También completó cursos de posgrado en la Universidad Pepperdine, la Escuela de Derecho de Stanford y un programa de posgrado de la Universidad del Salvador (Argentina) sobre comercio transfronterizo en Latinoamérica en 1998. Asimismo, es miembro fundador del comité directivo del grupo de trabajo de los Principios de Inversión Responsable de las Naciones Unidas y fundador de la Underhill Cancer Research Foundation.

Crecí al sur de Pittsburg, Pensilvania, siendo el más pequeño de cinco hermanos con una diferencia de catorce años. Mi padre, Edward Underhill, nació en un barrio polaco empobrecido llamado Lawrenceville. Me crie escuchando sus historias de superación de adversidades terribles y de seguir en la brecha, con recuerdos también de cómo su familia perdió todo en la gran inundación del día de San Patricio de 1936, cuando los niveles del agua llegaron a los 14 metros.

Mi padre era veterano del cuerpo de la marina estadounidense de la Segunda Guerra Mundial en la región del Pacífico, luchó en Tinian, Saipán y la sangrienta batalla de Tarawa. No hace falta decir que en nuestras conversaciones familiares a la hora de comer era habitual la retórica militar, los improperios y recordar que la gente se moría de hambre en África, así que todos en la familia teníamos que ser un activo productivo, que generara flujo de caja para la familia, y no una carga. Aprendí muy pronto que había un valor incalculable en el trabajo duro, tener agallas y ser autosuficiente viviendo de tu propio flujo de caja.

Mi primer trabajo con ocho años consistía en responder al teléfono en el negocio inmobiliario familiar los domingos por la mañana. Teníamos una "segunda línea telefónica" que sonaba en la cocina, para que no perdiéramos ninguna llamada de potenciales clientes. Con 10 años, me pusieron a construir casas como carpintero no cualificado, ya que mis competencias matemáticas eran muchísimo mejores que mis habilidades de servicio al cliente.

A los doce años, empecé un negocio de jardinería y recluté a mi amigo, Sammy Rockwell, como socio. Como éramos unos adolescentes en ciernes, bautizamos la empresa como "S&M Lawn Service". El letrero de la furgoneta era llamativo y las amas de casa nos miraban con asombro cuando empujábamos la furgoneta por el barrio. Con 16 años, me compré una camioneta ranchera Scottsdale, equipamiento de jardinería adicional y conseguí nuestro primer contrato comercial con una subdivisión de Thorn Run. Gestionar un negocio en la adolescencia me enseñó algunas lecciones inestimables sobre asignación de capital y el flujo de caja: ganancias y pérdidas, contabilidad, marketing, finanzas, gestión de nóminas, mantenimiento de equipos, programación y logística. Todas estas cosas eran cuestiones tangibles de mi día a día, y no solo unos términos abstractos de un manual. Todo giraba en torno al flujo de caja.

Pasé los años de universidad estudiando una licenciatura de Economía Cuantitativa y haciendo una pasantía en Lehman Brothers. Durante el tiempo que estuve en Lehman, la empresa se había fusionado con American Express para centrarse en el negocio de la bolsa. Pasé casi tres años creando e implementando un programa de software de asignación estratégica de activos para ayudar a los agentes de bolsa a gestionar mejor las carteras de sus clientes minoristas mientras sacaba tiempo para realizar análisis de bonos municipales. Era un equilibrio un poco extraño, pero era mejor que cortar el césped o cualquier otro trabajo manual. Las lecciones que aprendí fueron inconmensurables: intentar medir el riesgo y el rendimiento, fuentes de ingresos exentas de impuestos, cálculos de rendimiento fiscal equivalente y, por supuesto, el flujo de caja.

En Lehman se decía que la inversión se basa en dos principios:

1. El desempeño de los valores individuales es impredecible, y punto.
2. El desempeño de las carteras de valores es impredecible a corto plazo; lo que es predecible es el flujo de caja.

Después de Lehman, tuve la suerte de trabajar para algunas de las empresas de gestión de activos más grandes del mundo (Federated, Janus, Invesco, AllianceBernstein). En 2007 empecé con mi propia empresa: Capital Innovations LLC. Capital Innovations se centra en la inversión en activos reales a través de la perspectiva dual de mercados públicos y también privados.

Puede que la inflación no sea una preocupación para todo el mundo, pero al mirar el periodo de 1900-2019, la inflación fue del 3 por ciento anual. ¿Parece poco? Una inflación del 2 por ciento anual durante treinta años reduce el poder adquisitivo el 45 por ciento. Por tanto, la inflación pone en juego el "riesgo de longevidad" para todos los inversores, siendo esta la posibilidad de sobrevivir a los propios recursos financieros o a que un jubilado sobreviva a sus fondos.

Son muchos los factores que determinan el comportamiento de las diferentes clases de activos, pero dos de los más importantes son el ritmo al que crece o se contrae la economía, y si la economía está experimentando inflación o deflación. La base del marco institucional de asignación de activos tiene en cuenta las expectativas de ambos factores y determina después cómo asignar los activos a cuatro categorías principales, y cada una de estas cumple una función diferente en la cartera del inversor.

- **Renta fija:** preserva el capital, limita la volatilidad, proporciona liquidez y protege contra deflaciones inesperadas.
- **Rentabilidad absoluta:** genera rendimientos no correlacionados menos dependientes de la dirección de los mercados de renta variable y fija.
- **Renta variable:** ofrece revalorización del capital a largo plazo.
- **Activos reales:** ofrece cobertura frente a la inflación inesperada y produce rendimiento total a largo plazo.

Parece sencillo, pero los inversores actuales continúan analizando las implicaciones políticas de gran alcance de las acciones del gobierno con la COVID-19 en 2020, como la política fiscal y la política monetaria global, además de otra ronda de incentivos a los mercados en un esfuerzo por intentar rescatar la economía estadounidense. Los asignadores de activos se enfrentan a la recalibración de los modelos de asignación para incorporar una mayor volatilidad, incertidumbre, complejidad y ambigüedad.

- **Volatilidad:** divisas, acciones globales y volatilidad del mercado de renta fija, así como la ausencia de mercados y regulación estables y predecibles.
- **Incertidumbre:** los grandes cambios en la política monetaria y fiscal en el transcurso de meses o incluso semanas.
- **Complejidad:** los mercados tienen más riesgo cuanto mayor es el espacio de los ETF. El cambio hacia los fondos pasivos tiene el potencial de concentrar inversiones en algunos productos grandes que aumentan el riesgo sistémico, lo que hace que los mercados sean más susceptibles a los flujos de unos pocos productos pasivos grandes. Las correcciones se han vuelto más extremas.
- **Ambigüedad:** los inversores dudan si diversificar y explorar productos con lo que no están familiarizados, lo que limita su diversificación.

Si se echa un vistazo a las cifras de la inflación durante las últimas dos semanas se aprecian unas tendencias preocupantes.*

En resumen:

- Cuanto mayor (menor) sea el grado de participación del gobierno en la provisión de un bien o un servicio, mayores (menores) serán los aumentos (disminuciones) de precios a lo largo del tiempo, por ejemplo, los costes médicos y de hospital, matrículas universitarias y guarderías con alto grado de financiación/regulación pública y grandes aumentos de los precios frente a software, productos electrónicos, juguetes, automóviles y ropa con una financiación y regulación pública relativamente menor y precios a la baja.

* Datos de M. Perry, "Chart of the day… or century?", AEI.org.

- Los precios de los bienes manufacturados (automóviles, ropa, electrodomésticos, muebles, artículos electrónicos, juguetes) han experimentado grandes caídas a lo largo del tiempo en relación con la inflación general, los salarios y los precios de los servicios (educación, atención médica y guarderías).
- Cuanto mayor sea el grado de competencia internacional de los bienes comerciables, mayor será la caída de los precios con el tiempo, por ejemplo, el de juguetes, ropa, televisores, electrodomésticos, muebles, calzado, etc.

Se recomienda a los inversores institucionales exponerse a una combinación de sectores con baja correlación entre sí para reducir el riesgo, disminuir la volatilidad y aumentar la diversificación en las carteras de inversión en varios ciclos de mercado. Estos beneficios pueden ayudar a que la cartera capee los altibajos del mercado y garantice que sus asignaciones sectoriales no se muevan al unísono cuando cambien sus condiciones.

Mi enfoque personal y profesional a lo largo de los años ha consistido en incorporar una asignación saludable en activos reales (infraestructura, recursos naturales y bienes raíces) en un rango del 10 al 20 por ciento de una cartera general. El objetivo es generar ingresos (flujo de caja), revalorización del capital como impulsor del rendimiento total a largo plazo y protección contra la inflación.

La inflación volverá en este ciclo. La expansión agresiva y coordinada de las políticas fiscal y monetaria será reflacionaria. Vemos un alto riesgo en que los responsables políticos prolonguen esta respuesta interrumpiendo las fuerzas desinflacionarias estructurales (tecnología, comercio y gigantes empresariales) de los últimos treinta años. Las presiones inflacionarias surgirán con fuerza, así que hay que estar preparados.

La esperanza no es una estrategia, negar la evidencia no sirve de nada, y el flujo de caja siempre manda.

Dan Egan

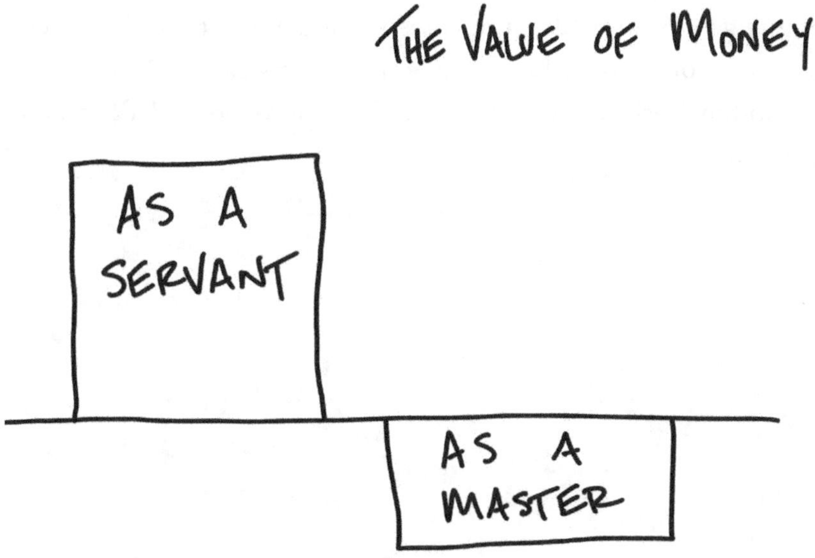

El valor del dinero

Como sirviente

Como señor

Dan Egan es director general de finanzas conductuales e inversiones en Betterment. Ha pasado su carrera utilizando las finanzas conductuales para ayudar a las personas a tomar mejores decisiones financieras e inversoras. Egan es autor de numerosas publicaciones relacionadas con la economía conductual. Da clases en la Universidad de Nueva York, en la London Business School y en la London School of Economics sobre este tema.

CONTAR CÓMO INVIERTO para mí mismo es o bien tremendamente aburrido o bien todo un reto, según se mire. Pero parto de la idea de que el dinero es siempre un sirviente, nunca un amo.

¿Para qué ahorrar?

Será mejor que empiece desde el punto de vista de la planificación financiera. Ahorro porque hay cosas (gastos, normalmente) del futuro que quiero poder pagar. Quiero saber y preocuparme por lo que estoy ahorrando. En términos generales, quiero ahorrar para pagar estas cosas, y un poco más para hacer frente a lo inesperado. Tengo además activos que usaré para compensar esos gastos.

Aquí está el nivel superior.

Qué	**Porcentaje**	**Porcentaje Ex-CH**	**Porcentaje de acciones**
Capital humano	75%	-	-
Jubilación	11%	47%	90%
Vivienda	6%	26%	-
Naturaleza	3%	11%	-
Fondo de emergencia	2%	8%	30%
Fondo para la universidad de mi hija	2%	6%	-
Errores previos	1%	2%	100%

Veamos cada producto.

Capital humano

Tengo unos 40 años y tengo previsto trabajar otros veinte más. Así que mi mayor activo sigue siendo mi poder adquisitivo: mi capacidad de convertir mi tiempo y esfuerzo en dinero. Desde que empecé a trabajar a los 16, mi salario por hora se ha multiplicado casi por diez. Eso refleja un flujo bastante constante de reinversión en mí mismo.

Después de la universidad trabajé y ahorré durante dos años para poder pagarme un máster sin deudas. He aprendido varios lenguajes de programación, incluso para desarrollar aplicaciones para móviles. He asistido a clases de diseño gráfico, de investigación de usuario, de bases de datos y de control de versiones.

También me he esforzado con las habilidades sociales: *coaching* y *feedback*, para ser mejor comunicador y presentador, y *media training*. Alguna vez escribo ensayos y quiero que sean efectivos, y contrato a editores profesionales. Sus comentarios no solo mejoran los artículos que editan: mejoran también de manera considerable mi escritura.

A medida que ha crecido el conjunto y el nivel de mis habilidades, he podido ofrecer mucho más dentro de mi propia empresa, y fuera de ella. Nunca verás nada que yo haya diseñado en producción, pero habrá sido importante para aclarar el problema y encontrar un camino para llegar a las soluciones.

Por último, me esfuerzo en establecer contacto con personas que sean próximas a mí. Si bien aprecio a los otros profesionales de las finanzas conductuales, es probable que no aprenda tanto de ellos como de alguien que proviene de un campo algo diferente en el que ambos podemos intercambiar ideas. Eso significa dedicar un tiempo para comunicarse y conversar con personas que no están directamente en tu especialidad.

Por tanto, mi mayor activo en este momento soy yo, mi tiempo y mi esfuerzo, y cómo los uso. Ahí es donde invierto la mayor parte de mi atención.

Jubilación

Mi mujer y yo tenemos un plan de jubilación conjunto con el objetivo de retirarnos cuando tengamos unos 62 años, aunque probablemente sea demasiado pronto, siendo sinceros. Los dos disfrutamos trabajando en puestos creativos, y no jugamos al golf, por lo que se hace difícil imaginar que vayamos a cambiar mucho cuando tengamos 62. El fin está establecido un poco pronto para ser conservadores: si nos tenemos que retirar tan pronto, tenemos que haberlo planeado muy bien. Mucha gente se jubila antes de lo esperado, y con balances de jubilación más bajos de lo esperado por diversas razones. Los dos tenemos cuentas 401(k) tradicionales, cuentas IRA Roth y algunas cuentas sujetas a impuestos. La asignación está en el 90 por ciento de acciones, ya que tenemos mucho tiempo hasta la jubilación. Me gusta tener ese porcentaje de bonos en mi cartera cuando el mercado baja, y no creo que vaya a echar de menos la tendencia alcista demasiado a largo plazo.

Como tenemos varios tipos de cuentas de impuestos en nuestro objetivo de jubilación, podemos colocar estratégicamente diferentes clases de activos en distintas cuentas para maximizar la cantidad de dinero que vamos a tener al jubilarnos. Esto se llama ubicación de activos, y se aprovecha del hecho de que las diferentes inversiones tienen distintos niveles de carga fiscal y tipos de cuentas. Así que, si se mira la asignación general, parece perfecto. Pero dentro de cada cuenta hay una asignación diseñada para reducir la carga fiscal.

A continuación, hablaré de la cartera en detalle.

Vivienda

Ah, la vivienda... Actualmente tenemos el 30 por ciento de nuestra riqueza principal en nuestra casa. Tengo una hipoteca fija a treinta años y la estamos pagando despacio. Siempre vamos a necesitar vivir en algún sitio, y quizá cuando estemos en nuestras últimas décadas hagamos una hipoteca inversa o algo así. Pero no vamos a valorar nuestra casa como un activo líquido. Hablamos de "alquilarle al banco" como algo más eficiente desde el punto de vista fiscal que alquilar, pero en realidad solo quiero hacer lo que me plazca dentro de mis cuatro paredes.

Si no obtengo ningún rendimiento positivo de mi casa, no hay problema.

Naturaleza

De pequeño pasaba los veranos en un campamento en Chesapeake, durmiendo en una tienda de campaña. Ahora vivimos en Nueva York y queremos tener mayor exposición a la naturaleza. No quiero que mi hija crezca teniendo miedo a los bichos y los animales salvajes porque le sean extraños.

Con ese fin estamos comprando unas 4 hectáreas de terreno al norte del estado de Nueva York. Es una experiencia muy diferente a comprar una casa. El terreno en sí equivale a la señal de lo que costaría una casa. No hay tantas inspecciones ni gastos generales. No hay una hipoteca que pagar ni suscriptor de hipoteca. Simplemente ahorramos y compramos el terreno. Acampamos allí, a veces dormimos en hamacas, a veces en tiendas, a veces en un cobertizo si hace falta. Es más bien *glamping* (acampada con cierto glamour) y no una acampada sin las comodidades básicas, pero está claro que no es una residencia en toda regla. Estamos limpiándolo y arreglándolo, haciendo cambios que lo hacen mucho más agradable, como duchas y cocinas al aire libre, pequeñas estructuras para dormir, un comedor comunitario, etcétera.

No tengo previsto sacar mucho retorno monetario de ahí. Pero estaré muy satisfecho si dentro de diez años tenemos recuerdos de la familia y los amigos, un lugar donde relajarse, y sentirse cómodo y familiarizado con la naturaleza.

Fondo de emergencia

Una de las primeras cosas que hice fue construir un fondo para emergencias graves. No quiero tener que aceptar un trabajo peor bajo presión o afrontar gastos médicos que arruinen a mi familia. Hay unas cuantas desgracias fortuitas que pueden ocurrir, y quería tener un buen amortiguador para poder evitarlas.

El fondo de emergencia se compone del 80 por ciento de bonos y del 20 por ciento de acciones. No me hace falta tener la comodidad del efectivo en comparación con la posibilidad a largo plazo de igualar la inflación. Si al final no lo llegamos a utilizar nunca, habría renunciado a décadas de erosión de la inflación por una comodidad muy pequeña.

Donaciones benéficas

Eso es, las donaciones benéficas. Pero tengan paciencia conmigo, aquí estamos hablando de impuestos.

Parte de nuestro plan financiero es donar alrededor del 10 por ciento de nuestros ingresos todos los años. Pero no lo donamos en efectivo, sino (principalmente) en acciones que tienen grandes ganancias imponibles incorporadas.

Como Betterment me hace la generación de minusvalías para reducir impuestos, por lo general tengo acciones donde la base de costes se ha restablecido a la baja con el tiempo. Si vendiera estas acciones, tendría que pagar impuestos sobre las ganancias de capital. Al donarlas, obtengo una deducción de impuestos y evito pagar el impuesto sobre las ganancias de capital.

Así que mantengo un objetivo para las deducciones por donaciones que tiene una alta asignación de acciones. Cuando hago una donación, Betterment extrae las acciones más apreciadas de cualquier cuenta imponible, y así maximizo el impacto minimizando los impuestos.

La cartera de inversión

Y aquí está la parte aburrida. Casi todo mi dinero está en Betterment. Se invierte en una cartera de ETF de bajo coste diversificada a nivel mundial. Betterment es responsable de prácticamente todo: la diligencia debida del fondo, el reequilibrio, la gestión de entradas y salidas, la generación de minusvalías, la gestión de la trayectoria (*glide path*) y la ubicación de activos. No tengo que hacer mucho más que ahorrar y retirar dinero cuando haga falta.

Los fondos tienden a dividirse entre Vanguard e iShares. No presto mucha atención a cuál, porque sé que el proceso que se utiliza para seleccionarlos es bastante robusto.

Y, para no dejarme nada, tengo escondida aparte la inversión de Schrödinger: mis participaciones en la empresa. Tengo previsto valorarlas en cero dólares hasta que se demuestre lo contrario. Si tengo suerte, tendré ante mí un estupendo problema: tener más dinero del que esperaba tener. No estoy seguro de lo que haría con ello, para ser sincero. Y si no sale bien el plan, no pasa absolutamente nada.

Libertad para tus inversiones

He trabajado en gestión patrimonial durante (en mi opinión) mucho tiempo. Gracias al frecuente trato que he tenido con los clientes me he dado cuenta de una cosa.

A veces las personas pasan a ser propiedad de su dinero y sus posesiones: viven dedicadas a gestionarlos y cuidarlos. En vez de que el dinero les libere de preocupaciones o ansiedades, han diseñado y decorado su propia cárcel con su riqueza y no pueden escapar por temor a perderla.

Una gran parte de mi enfoque con el dinero es una reacción a esto: el dinero es un sirviente maravilloso y un amo terrible. Del dinero, solo debería preocuparte la alegría que puede proporcionarte o el dolor que puede eliminar. De lo contrario, préstale la menor atención posible.

Howard Lindzon

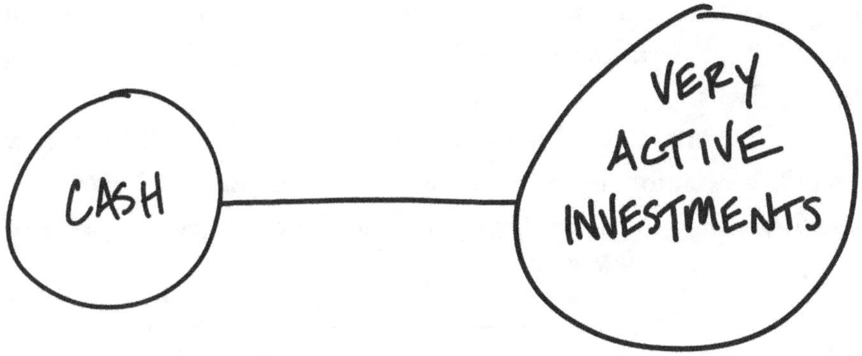

Efectivo – Inversiones muy activas

Howard Lindzon nació en Toronto y vive en Phoenix, Arizona. Está casado y tiene dos hijos. Estudió en la Universidad de Ontario Occidental, la Universidad Estatal de Arizona y la American Graduate School of International Management (Thunderbird).

Lindzon se centra en la innovación de las finanzas personales y la investigación *do-it-yourself* (no profesional). Lleva a cabo inversiones en etapas iniciales a través de Social Leverage. Es cofundador y presidente de StockTwits.

Le han entrevistado en medios financieros, como Bloomberg y CNBC, y es autor de varios libros, como *The Wallstrip™ Edge*, *The StockTwits Edge*, *The Next Apple* y *8 to 80: The Next 1,000% Stocks and Trends Everyone Can Ride.*

ASUMO MUCHOS RIESGOS cada día en mi trabajo como capitalista riesgo. Mi empresa se llama Social Leverage, y mis socios y yo invertimos en empresas de software en sus rondas de financiación semilla. Me centro en empresas emergentes de tecnología financiera. Algunas de mis inversiones de capital semilla que tal vez conozcas son Robinhood, eToro, Ycharts, Koyfin y Rally Rd.

También soy cofundador de StockTwits, por lo que no te sorprenderá que me encanten las acciones individuales y no la inversión indexada.

No creo que exista la inversión pasiva como tal. Si asignas, aunque sea cada mes, a fondos indexados, eres un inversor activo. Le acabas de pasar la parte activa de la inversión a Vanguard o Blackrock, etcétera.

La mayor parte de mi patrimonio neto líquido está dedicado a mi inversión en nuestros fondos de Social Leverage. También he realizado inversiones en otros fondos de capital riesgo.

Mi mujer y yo también tenemos inmuebles, que son nuestra mayor inversión fuera de Social Leverage.

Asimismo, tengo una sociedad con Charlie Bilello en una empresa de asesoría financiera llamada Compound Capital Advisors. Charlie es mi asesor financiero a la hora de asignar activos de mercado. Quedamos para hablar como socios al menos una vez a la semana sobre los mercados y sobre asignaciones una vez al mes.

Charlie utiliza ETF de bajo coste (Vanguard, Schwab) para crear carteras de clientes y TD Ameritrade para la custodia. Lleva años escribiendo sobre estas tendencias en gestión de activos y también en la creación de carteras. Después de trabajar con el cliente para entender su perfil de riesgo y sus necesidades, Charlie crea carteras sencillas de bajo coste. También ha creado carteras más tácticas.

Cada persona tiene un perfil de riesgo único y unas necesidades determinadas respecto a los tiempos. Mi hija se acaba de graduar en la universidad y se ha puesto a trabajar de inmediato. Mi hijo no va a la universidad, pero trabaja. Ahora mismo Ellen y yo tenemos el nido vacío, y ella ha empezado a trabajar en bienes raíces. No nos preocupa el flujo de caja y podemos ser muy agresivos con nuestras inversiones.

Una de las razones por las que ahora invierto menos en el mercado público es que he acumulado una amplia experiencia en servicios financieros. Es difícil ser generalista a largo plazo (al menos en mi opinión) y eso se relaciona con nuestra particular red. Un mercado alcista rescatará a los generalistas, pero las recesiones, los mercados bajistas y la falta de liquidez también tienen lugar. Tener la experiencia para ayudar a los fundadores y sus equipos a sobrevivir y prosperar en un mercado bajista es una ventaja. Y si no necesitamos esta ventaja…, mejor que mejor.

La otra razón por la que invierto menos en el mercado público es el flujo especial y abundante de operaciones que tengo en los mercados privados. Al haber comenzado Wallstrip y StockTwits, e invertido en la etapa inicial de Robinhood y eToro, tengo un punto de vista, claro, pero también tengo flujo. Los fundadores de empresas *fintech* me siguen. Obviamente hablo de estos intereses en mi blog. Soy fácil de encontrar en StockTwits y Twitter, y hablo a diario en el blog de lo que estamos buscando. Saber lo que estamos buscando es parte del entusiasmo que me ayuda a escribir todos los días y estar al tanto de lo último para marcar la diferencia.

Mi socio Gary ha creado cuatro empresas, una salió a bolsa y la última la ha adquirido Salesforce, donde trabajó durante cuatro años. Gary sabe de software empresarial moderno y cómo hacer crecer equipos y posicionar productos.

Con nuestras casas, Social Leverage, mis otras inversiones de riesgo y Charlie en Compound, se cubre alrededor del 90 por ciento de nuestro patrimonio neto.

Debido al alto riesgo y a la naturaleza ilíquida de mi carrera como capitalista riesgo, tiendo a mantener una alta posición de efectivo con mi patrimonio neto líquido restante. Tengo cero asignaciones en bonos. No creo que los bonos tengan sentido en un mundo con tipos de interés cero..., al menos para mí.

Por último, llegamos a mi selección de acciones y asignaciones. Soy muy agresivo con mi selección de valores.

Mi cartera tiene una beta alta que en, este momento (mayo de 2020), son casi todo acciones digitales basadas en la nube. Mi combinación actual del 50 por ciento de acciones y el 50 por ciento de efectivo todavía me permite tener suficiente beta para que parezca que puedo batir al S&P. También tengo efectivo disponible para poner a trabajar en acciones cuando el $VIX sube por encima de 30, ¡algo que en 2020 está ocurriendo todo el tiempo!

Selecciono acciones siguiendo algunos criterios. Las empresas tienen que estar creciendo muy rápido y los precios de las acciones tienen que estar generalmente en máximos históricos o cerca. En mayo de 2020, pasaba eso con casi todas las acciones del NASDAQ.

También tengo posiciones principales que he mantenido durante años y espero mantener durante muchos más. Yo las llamo acciones de 8 a 80. Son acciones cuyas empresas tienen productos imprescindibles tanto para niños de 8 años como para octogenarios. Actualmente en esta lista y en mi cartera están: Zoom, Amazon, Bitcoin, Netflix, Nike, Tencent, Shopify, Google, Apple, Mastercard, McDonald's y Facebook.

Es fácil seguirme, ya que comparto mi cartera en tiempo real en mi *feed* de StockTwits y mi blog personal (howardlindzon.com).

Ryan Krueger

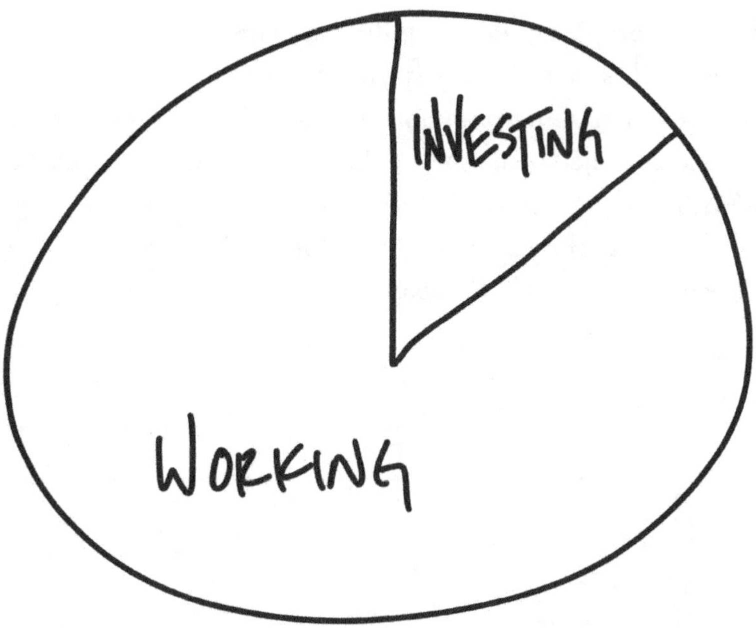

Trabajar - Invertir

Ryan Krueger es CEO y cofundador de Krueger & Catalano Capital Partners. K&C se lanzó en 2006 como empresa independiente de planificación de inversiones y gestión de dinero privado en Houston. La empresa es propiedad de la familia, que también la gestiona y da servicio a familias de todo el país. Anteriormente, Krueger fue gestor de cartera sénior en Citigroup, donde comenzó su carrera profesional (en el área de mensajería) en 1996 tras licenciarse en la Universidad de Texas en Austin. Su gran golpe de suerte ha sido que su mejor amiga, Kim, aceptara casarse con él. Tienen cinco hijos y dos perros para asegurarse de que disfrutan la vida al máximo.

Mi relación con la bolsa de valores no es nada común. Desde que tenía 13 años y le pedí a mi padre que me comprara diez participaciones de una acción que quería elegir, he estado invirtiendo.

Cuando echo la vista atrás para averiguar por qué siempre he tenido tanta curiosidad por las acciones, no recuerdo un momento de "eureka" o una gran ganancia temprana. Tal vez ese fue mi golpe de suerte. Porque, por alguna extraña razón, disfruto más con el reto continuo de hacer preguntas que con cualquier respuesta.

Ahora estoy seguro de que el ingrediente más importante para el ridículo proceso de investigación que tendría en mi mente de niño se añadió tres meses antes. Tuve que suplicarles a mis padres que me dejaran tener mi primer trabajo de verano para poder ganarme esos primeros dólares. La lección más valiosa que me enseñaron sobre invertir fue hacerme trabajar por cada dólar que invertía. Ni recados, ni paga: tuve trabajos de verdad todos los veranos desde aquel momento.

Treinta y cinco años después, me pregunto si la broma más pesada que el diablo ha gastado a los inversores es hacerles creer que la parte de la inversión es la que más importa. La parte del trabajo provoca más cambios positivos, tanto para el cálculo de los depósitos como también en la disciplina para alcanzar un fin.

En mi opinión, invertir nunca ha sido poner algo en un sitio y esperar que vaya bien. La idea de que cualquiera podría trabajar muy duro para conseguir unos ahorros extra y luego poner ese dinero a trabajar día y noche en diferentes negocios me resultaba y me sigue resultando infinitamente fascinante.

Dinero del buzón

Ahora que dirijo una empresa de gestión de inversiones y planificación financiera, me sigue encantando estar al frente de la investigación, hacer cálculos con sumo cuidado y también muchas preguntas. Los problemas son fáciles de resolver cuando solo te puedes echar la culpa a ti mismo y usas unas estrictas disciplinas de venta.

Nunca me parece que esté haciendo una inversión, sino cuestionando un sistema operativo para ajustarlo. Tener la certeza de que no sé lo que pasará después es lo que me emociona para seguir en esto. Siempre fui curioso, pero lo que me permitió crear un negocio de inversiones fue añadir el otro principio rector: ser siempre curioso y nunca estar convencido.

El reto es valorar a las empresas de manera que se quede fuera la mayoría. Debe ser un proceso repetible, que esté todo el tiempo haciendo preguntas a los datos. Mi marco de referencia era sencillo: el proceso de selección y la disciplina tenían que ser lo suficientemente buenos como para poner el 100 por ciento de mi propia exposición bursátil en la cartera. Si ya era un niño poco convencional cuando esto empezó, ahora soy un dinosaurio rarísimo: sigo enfocado en la cartera concentrada de acciones individuales. Pero creo que la distracción es un riesgo mayor que la concentración, y se diversifican demasiadas asignaciones de modo que empeora la relación rentabilidad/riesgo *(diworsification)*.

Me gusta cobrar dividendos, como tiene que ser para un auténtico accionista de empresa. Yo lo llamo dinero del buzón. Una de las mejores métricas para valorar cualquier empresa es: ¿produce un flujo de caja creciente? Cualquiera puede aplicar el mismo principio a su propio plan de inversiones, que debería considerar como un negocio. Tener un pago de dividendos en efectivo en tus manos es la respuesta a una de las preguntas más difíciles de los inversores: ¿cómo sabemos qué es real y qué no?

Las empresas capaces de pagar y obtener dividendos de sus flujos de caja crecientes se remontan a cientos de años atrás por razones en perfecta concordancia. Cuando cualquiera de las partes de esa asociación intenta complicar las cosas, la inversión se vuelve confusa o peor. El dinero del buzón que yo recibo como accionista directo silencia los animados debates sobre más crecimiento o ingresos, con una verdad más sencilla y duradera. Los dividendos logran el crecimiento de los ingresos.

Reservas sin riesgo

Servir a mi familia, y a otros que esperan que se les trate como a la familia, requiere la construcción de un plan disciplinado en torno a esa cartera de acciones. Por tanto, aunque no lo considero una inversión, creo en la defensa en todo momento. Tengo una cuenta en la que solo hay bonos municipales asegurados y libres de impuestos, y efectivo. No negocio con bonos, ni hago previsiones sobre tasas de interés. Aquí no quiero correr ningún riesgo.

Tranquilidad

Una influencia significativa en mi manera de invertir viene de mi socio, Mike Catalano. Nació y creció en Nueva York, y no venimos de entornos parecidos. Trabajábamos juntos en el banco y la empresa de corretaje más grande del mundo. Nos convertimos en los hermanos que ninguno de los dos había tenido nunca. No hubo ni una complicación, contingencia, consultor o contable que se sentara con nosotros dos aquella mañana de 2006 en la cafetería International House of Pancakes. Todo lo que necesitábamos era confianza, una hoja de papel y mucha luz antes del amanecer. Ese día decidimos huir de Wall Street para poner en marcha nuestra propia empresa. Nuestra regla de "en una página" se sigue aplicando a todos los planes.

Un buen socio puede mejorar la respuesta de cualquiera sobre cómo invertir el dinero propio. La experiencia única de Mike lidera la parte de planificación de nuestra empresa, lo que tiene un efecto transformador de cara a la tranquilidad, la mía incluida. Durante varios años, trabajó con actuarios de seguros que son quienes tienen las calculadoras más grandes y los lápices más afilados para los planes de longevidad. Los dos detestábamos que la longevidad se considerara un riesgo en nuestra industria, en vez de la bendición máxima que sin duda es.

Tras pasar años investigando los planes de jubilación de las empresas, Mike cuestionó metódicamente un prejuicio contra todas las rentas vitalicias. Solo encontró una donde quiso poner nuestro dinero, para crear pensiones personales de beneficios definidos. Confié en su exhaustivo trabajo y me alegro de que así fuera. Así que la última cuenta en la que he invertido mi propio dinero fue un seguro de rentas vitalicias a nombre de mi mujer. Esa me da una tremenda tranquilidad.

La pieza más importante del rompecabezas de toda mi vida no estaba planeada, fue una suerte increíble: mi mujer quiso casarse conmigo. A ella no le interesa el dinero, nunca le ha interesado. Está totalmente dedicada a la crianza de nuestros cinco hijos. Le debo algo más que decirle: "Tú confía en mí". Si la suerte y la salud me acompañan, no estoy ni en la mitad de la vida aún, espero de verdad no jubilarme nunca. Pero, si no soy capaz de exponer nuestro plan en una sola página para que ella lo entienda bien, sea como fuere, habré fracasado. Me gusta saber que ella no tendrá preguntas sobre un flujo de ingresos vitalicios asegurados.

Ventaja subestimada

Hice una inversión muy intimidatoria de la que no sabía nada. Quería tener terrenos, echar raíces más profundas en nuestros sistemas operativos y de creencias. Cuando lanzamos la empresa independiente, el objetivo era ser dueños de nuestro edificio. Puede parecer una idea tonta y cara, pero no queríamos pagar más alquiler, como una señal a los dioses del mercado para indicarles que veníamos a quedarnos mucho tiempo. Mi único requisito era que tenía que estar cerquísima, y eso lo complicó. Encontramos un sitio que no podría haber sido un desastre mayor. Decidimos demolerlo todo y construir el hogar de nuestra empresa desde cero. Sabía que me iba a encantar, pero subestimé la inversión en calidad de vida que suponía un viaje al trabajo de seis minutos.

*Mi cuenta GRINdex**

El único lujo que me atrae es un mayor número de opciones y sonrisas, junto con el valioso tiempo. Mi asignación favorita es haber sido entrenador de los equipos deportivos de mis hijos. Me hicieron vídeos de cada temporada. Una fue tal milagro que tuve que contratar a un profesional de NFL Films porque nadie sabe contar mejor las historias (aunque yo soy más de baloncesto). Luego, alquilé el mejor cine para hacer una fiesta para el equipo y la comunidad. Me quedé al fondo, escondido, con pañuelos y llorando a moco tendido cuando se apagaron las luces.

No vendería esa caja de vídeos por ninguna cantidad de dinero en el mundo. No es una manera de hablar, me refiero a una cifra real en dólares. Cuando, a causa de los huracanes, evacuaron dos veces a mi familia, esa fue la única caja que cogí. Todos los partidos fueron geniales. Las conversaciones entremedias, aún mejor. Yo las llamo sesiones de equipo. Me encanta invertir ese tiempo en mis hijos y muchos otros niños fuera de nuestro barrio. Ninguna inversión durará más que el negocio de crear recuerdos en otras personas, así que quiero hacer esos depósitos como es debido.

La mejor operación que he hecho nunca fue reducir las expectativas y aumentar los agradecimientos. No sé meditar bien. Espero aprender algún día. De momento, mi truco, sin aplicaciones de móvil, es bajar

* *Grin* significa "sonrisa" en inglés. *(N. de la t.)*

el ritmo cardíaco, cerrar los ojos y respirar agradecido, y aguantar hasta que noto un hormigueo. Luego, exhalar la alegría.

Me alegra respaldar ese negocio invirtiendo concienzudamente en otras personas, fuera de mi empresa y mi familia. Me gusta donar dinero a quienes lo necesitan. Pero me encanta invertir en deseos atípicos que pueden cambiar más vidas durante más tiempo. Utilizando el único manual de estrategia que conozco, desde que invertí mi primer dólar, creo sobre todo en la parte del trabajo. Compartir dinero a conciencia, para encender la curiosidad en alguien más que tiene ese deseo, es mi dividendo preferido.

La manera en la que invierto mi propio dinero se basa en mi único objetivo declarado: no acabar nunca.

Lazetta Rainey Braxton

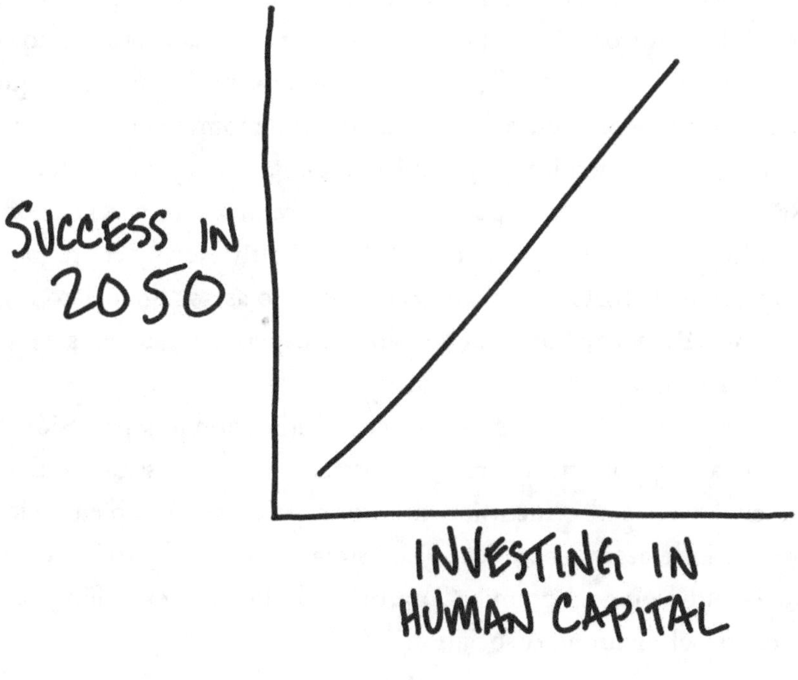

Éxito en 2050 – Invertir en capital humano

Lazetta Rainey Braxton tiene un MBA, es CFP® (planificadora financiera certificada) y cofundadora y codirectora ejecutiva de 2050 Wealth Partners. Su objetivo es brindar acceso a la planificación financiera para "el resto de nosotros". Cree que el asesoramiento financiero sólido no es solo para el 1 por ciento. Trabaja con prósperos profesionales, pequeños empresarios y protectores de riqueza de la denominada "generación sándwich" para construir y asegurar su base financiera y su legado.

Rainey Braxton es una experta financiera reconocida a nivel nacional en Estados Unidos. Ha aparecido en NBC Nightly News y el programa *Closing Bell* de CNBC. Es miembro del consejo asesor financiero digital de la CNBC y colaboradora del blog de expertos financieros de *The Wall Street Journal.*

Ha sido reconocida por su liderazgo y dedicación a la profesión de la planificación financiera y fue nombrada Mujer que seguir y Excelencia en Diversidad e Inclusión de *InvestmentNews.* También recibió el premio Liderazgo y Legado de la Association of African American Financial Advisors y el premio Corazón de la Planificación Financiera de la Financial Planning Association.

Mi primera inversión fue en mí misma. En términos financieros, la inversión o activo se conoce como capital humano. El capital humano es cuando aportas valor a una organización utilizando tus habilidades, conocimientos y experiencia para promover su éxito financiero. Aunque no conocía el término en aquel entonces, entendí que la manera de ganar dinero era ser un empleado valioso. El dinero era la clave para una vida feliz.

Cuando me crie, el dinero era escaso y las inversiones financieras, inexistentes. Mis queridos y trabajadores padres nos lo hicieron saber sin dudarlo ni un instante. Se ganaban la vida gracias a sus capacidades con sus estudios de secundaria. Mi padre era y sigue siendo trabajador de la construcción. Mi madre era operaria en una fábrica y después, siendo yo ya adulta, se hizo auxiliar de enfermería. Cuando estudiaba en el instituto, me di cuenta enseguida de que sus ingresos no eran suficientes para mantener a una familia de cinco. Utilizaban tarjetas de crédito para financiar la falta de ingresos. Las altas tasas de interés acabaron con cualquier posibilidad de salir adelante financieramente.

Cuando cumplí 16, empecé en mi primer trabajo y conseguí otro en cuestión de semanas. Estaba decidida a aliviar las cargas financieras de mi familia. Como persona motivada por naturaleza, destaqué en lo académico, en los deportes y en las actividades de clubes dirigidos por estudiantes, incluso teniendo dos trabajos. Construir mi capital humano siendo estudiante de secundaria me vino bien como futura estudiante de universidad.

La situación económica de mi familia despertó en mí una obsesión por aprender todo lo que podía sobre finanzas personales. Mi instituto no ofrecía cursos de finanzas personales, así que opté por la contabilidad, dado mi interés en las matemáticas, los negocios y el dinero.

En mi primer año de instituto vi un anuncio en el periódico de una mujer negra que había obtenido una licencia como contable pública certificada. Esta noticia histórica en mi ciudad de la Virginia rural reforzó mi interés en hacer carrera en las finanzas. Creció en mí la determinación de labrarme una carrera que me enseñara sobre las finanzas, me pagara bien y cambiara mi trayectoria financiera y la de mis padres. Pero cómo iba a conseguir pagarme la universidad seguía siendo un misterio.

La División II de la NCAA y una HBCU (escuelas y universidades históricamente negras) me ofrecieron una beca completa de baloncesto. Mi padre me animó mucho a aceptarla, dada nuestra situación financiera. Sin embargo, no seguí su consejo. Decliné la oferta y decidí ir a una facultad de la División I para aprender de los estudiantes blancos adinerados. Creía que los estudiantes blancos y ricos podrían enseñarme el poder y el camino hacia el dinero y la riqueza para utilizarla en mi comunidad. Fue la decisión correcta en mi caso, aunque mis parientes lejanos también estaban decepcionados por no ir a una HBCU y honrar así mis orígenes negros. Al igual que cuando estaba en el instituto, tenía dos trabajos en la universidad para financiar mi educación superior mientras intentaba cumplir con las rigurosas exigencias académicas.

Mi decisión de asistir a la Escuela de Comercio McIntire de la Universidad de Virginia valió la pena. Invertí en mí misma, y desarrollé mis habilidades y conocimientos durante mis años como estudiante de secundaria y de universidad, lo que me dio la oportunidad de triunfar en el mundo empresarial estadounidense.

Un año después de graduarme en la Universidad de Virginia, conocí a mi marido y nos prometimos. Nos casamos al año siguiente. Esta fue mi siguiente inversión en mí, y ahora en nosotros. Los dos teníamos deudas de préstamos estudiantiles y personales, así que hicimos la promesa de que pagaríamos la deuda lo más rápido posible. También creamos nuestro propio mantra de tener un fondo "Vete a pastar" (VAP). Nos dimos cuenta pronto de nuestro deseo de flexibilidad profesional, dados los riesgos laborales asociados con ser negros y defensores de cuestiones sobre diversidad e inclusión. También queríamos apoyar a nuestros padres económicamente, si hiciera falta.

Nuestro plan funcionó. Pagamos más de 40.000 dólares en cuatro años siguiendo un plan de pago de deuda. No fue fácil, pero seguimos el plan: vivíamos de un solo ingreso y usábamos el otro sueldo para pagar la deuda y ahorrar. Además de ser prudentes desde un punto de vista financiero, fue también una gran base para nuestro matrimonio.

Hemos intentado ser metódicos en cuanto al crecimiento de nuestra riqueza. Como la mayoría de los inversores principiantes, aportábamos a los planes de jubilación de nuestras empresas, a partir de un nivel de aporte equivalente de la empresa (*match*). También estábamos al día de las leyes fiscales relacionadas con las inversiones. El año que nos casamos se aprobó la ley de alivio del contribuyente de 1997. Permitía convertir fondos de jubilación con impuestos diferidos en cuentas Roth IRA después de impuestos y repartir los ingresos imponibles relacionados con la conversión en dos años fiscales. Aproveché esta oportunidad y transferí el plan de la empresa anterior a una cuenta Roth IRA.

La cuenta Roth IRA me permitió seleccionar mis propias inversiones, en vez de depender del menú que proporcionaba mi empresa para mi cuenta 401(k). Elegí una familia de fondos con conciencia social y propiedad de mujeres, Domini Funds. La transacción financiera me empoderó como mujer inversora e independiente.

En 1998 acepté un puesto de asistente ejecutiva y gestora de cartera en una empresa de gestión de inversiones y opté por invertir en los fondos mutuos de la empresa. Era nuestra primera inversión personal conjunta. En dos años de matrimonio, teníamos una cuenta de ahorro, un plan de pago de deuda, una cuenta de inversiones sujeta a impuestos, cuentas Roth IRA y 401(k).

Avanzamos de las cuentas 401(k) individuales a las i401(k) cuando ambos empezamos a obtener ingresos de nuestras respectivas empresas de conferencias y consultoría. Cuando cambiamos de trabajo, consolidamos nuestras anteriores cuentas de jubilación de empresa con las cuentas i401(k) de impuestos diferidos. Mantuvimos nuestras cuentas Roth IRA, ya que no se pueden transferir a una cuenta Roth i401(k).

Durante más de veinte años juntos, hemos usado y reabastecido nuestro fondo VAP con el objetivo de mantener al menos seis meses de gastos. El balance ha cambiado a lo largo de los años debido a nuestras mudanzas frecuentes, el coste de la vida según nuestra residencia y mi *startup venture* como propietaria de una empresa de planificación financiera de solo honorarios y asesoría en inversiones registrada (RIA, por sus siglas en inglés). Nuestro colchón de ahorros más adecuado son las cuentas del mercado monetario que están aseguradas por la Corporación Federal de Seguro de Depósitos (FDIC, por sus siglas en inglés) y los bonos del tesoro cuando los rendimientos son buenos. También tenemos fondos en una cuenta de ahorros de gastos médicos (HSA) que también es una inversión de bajo rendimiento.

En cuanto a las inversiones universitarias, gravables y de jubilación, creo firmemente en la inversión indexada como inversión central, e inversiones satélites que incluyan bienes inmuebles, acciones y tener negocios en propiedad. Thrift Savings Plans (TSP) tiene mis inversiones en fondos indexados. El TSP, una cuenta de jubilación para empleados de la administración estadounidense, cuenta con más de medio billón de activos en gestión y el índice de gastos más bajo de cualquier institución financiera. La cuenta de jubilación principal de mi marido es con MMBB, que ofrece un programa de jubilación para el clero. La cuenta de jubilación para el clero otorga distribuciones como subsidio de vivienda en la jubilación. El subsidio de vivienda no está sujeto al impuesto sobre la renta ordinario por la resolución del Código de rentas internas actual. El plan 529 de nuestra hija está en fondos indexados Vanguard a través del plan 529 Nueva York.

Nuestras cuentas i401(k), IRA y la IRA Coverdell Educational de nuestra hija tienen fundamentalmente acciones de empresas que frecuentamos. Estamos familiarizados con sus productos y servicios y seguimos su desempeño con interés. También me he atrevido con unas inversiones en acciones recomendadas por colegas en mi cuenta Roth IRA. Tengo un par de participaciones que quebraron: me la jugué con una empresa con sede en Estados Unidos y otra con sede en China en dos industrias diferentes. Su concepto parecía genial, pero la ejecución no estuvo a la altura de su potencial y no se adaptaron cuando las tendencias cambiaron. Atendían mercados que no seguí de cerca. Confié en el rumor, seguí a la masa y no hice ningún movimiento para vender antes de que fuera demasiado tarde. El poder de la diversificación sigue equilibrando las ganancias y las pérdidas de inversión.

Nuestra cartera de bienes inmuebles tiene una única participación: nuestra antigua residencia principal. Alquilamos nuestra casa de Maryland para seguir acumulando capital a expensas del arrendatario. La casa de Maryland servirá como capital para nuestra casa de retiro y posiblemente para otra propiedad que alquilar en el futuro. Nosotros también somos arrendatarios en Nueva York en la actualidad.

Unir el capital humano y el capital financiero revela una observación importante: mi carrera y la de mi marido tienen objetivos diferentes dentro de nuestra sociedad. Mi esposo representa una inversión en bonos: mantiene trabajos con ingresos fijos y bajo riesgo. Como empresaria y propietaria de un negocio, yo represento una inversión de capital con mayor riesgo. En 2008, elegí un modelo de negocio que no es habitual: proporcionar asesoramiento financiero con pago por servicio a clientes de ingresos medios que no pensaban que pudieran permitirse esta asistencia. Para añadir más riesgo a la ecuación, fundé la empresa al comienzo de la crisis de la vivienda, y nos mudábamos con frecuencia, lo que provocaba la reconstrucción constante de mi clientela.

Ahora las tendencias han cambiado a mi favor. He asociado mi empresa de planificación financiera de solo honorarios con una mujer emprendedora de color y de ideas afines. Nuestra empresa, 2050 Wealth Partners, es una compañía de planificación financiera cien por cien virtual, de pago único, que opera desde nuestras oficinas centrales en Nueva York y Maryland. Mi socia y yo creemos en la innovación y apostamos por un futuro que promete ser la mejor inversión bursátil de nuestras vidas. También tenemos el privilegio de orientar el capital humano y las inversiones de nuestros clientes. Todos salimos ganando.

La creación de 2050 Wealth Partners es nuestra solución para orientar a las personas que se sienten ignoradas y desatendidas en sus empresas y en Wall Street, personas como nosotros, nuestras familias y nuestras comunidades. Además, apoyamos de corazón el hecho de que, para 2050, Estados Unidos será un mosaico étnico. Nuestro deseo es reducir la brecha de la riqueza mediante el avance de la humanidad.

Como miembros de la generación X, mi marido y yo seguimos atentos al uso prudente del capital humano y los ingresos para tener una vida agradable y cómoda. Deseamos vivir plenamente nuestra vocación como devotos esposos, padres de una hija adolescente y profesionales que buscan mejorar la condición humana. Damos gracias por que nuestros valores se alinean y sentamos las bases para la flexibilidad financiera desde el principio. Rezamos para que el fruto de nuestro trabajo sea recompensado durante el resto de nuestras vidas y las generaciones venideras.

Marguerita Cheng

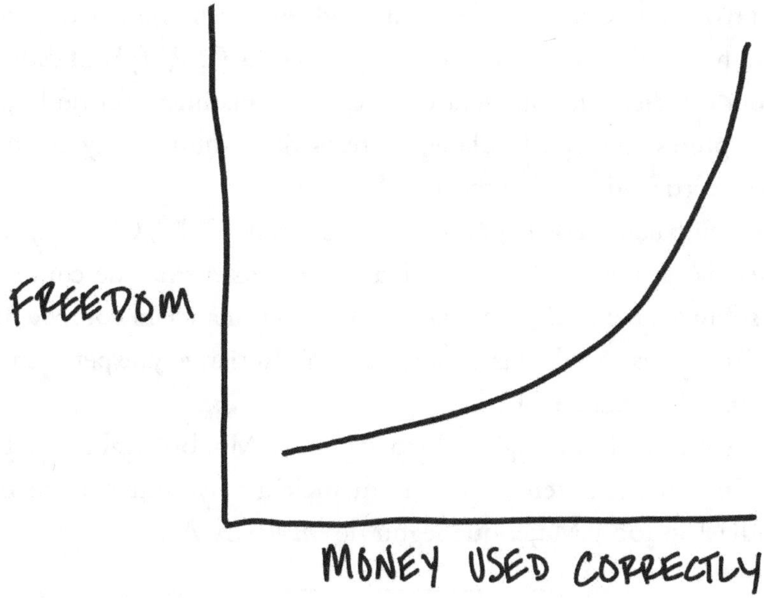

Libertad – Dinero usado correctamente

Marguerita M. Cheng es CEO de Blue Ocean Global Wealth. Antes de cofundar Blue Ocean Global Wealth, fue asesora financiera en Ameriprise Financial y analista y editora en Towa Securities en Tokio. Cheng fue portavoz de la Campaña de la Libertad Financiera de AARP y columnista habitual de Investopedia y Kiplinger. Es CFP® (planificadora financiera certificada), consejera certificada en planificación de la jubilación, profesional certificada en ingresos de la jubilación y analista financiera certificada en divorcios.

Como embajadora de la junta de estándares de CFP®, Cheng ayuda a concienciar al público, a los legisladores y a los medios de comunicación sobre los beneficios de una planificación financiera competente y ética. Trabaja como defensora de Women's Initiative y experta en la materia para la junta de CFP®.

Cheng recibió la prestigiosa beca japonesa Monbukagakusho. En 2017 fue nombrada la tercera asesora financiera más influyente en Investopedia Top 100 y Mujer que seguir de *InvestmentNews*.

El consejo más valioso que me inculcó mi padre fue que no me defina por lo que tengo, sino por mis logros y mi educación. Es un mantra que he llevado a mi vida familiar, financiera y profesional.

El dinero no debe ser el único factor determinante para las decisiones que se toman en la vida. La sabiduría y perspicacia financiera de mi padre me han permitido adoptar un enfoque equilibrado y holístico en los asuntos de finanzas, y es algo por lo que le estoy eternamente agradecida.

Mi padre y su familia huyeron de su ciudad natal en la provincia de Jiangxi, al sur de China, hacia Taiwán. Se licenció en la Universidad Nacional de Taiwán en la década de 1960 y solo tenía 17 dólares a su nombre y la ropa que llevaba encima. Aunque era pobre tanto en lo material como en lo financiero, nunca se vio como tal.

Insistía en la idea de que, aunque el dinero no puede comprar la felicidad, sí proporciona tranquilidad, libertad y flexibilidad. Todavía puedo oírle decir: "Hagas lo que hagas, no gastes tu dinero sin saber. No desperdicies tu dinero, porque estás privando a otros de valiosas oportunidades y haciendo daño a tus seres queridos".

Hablar de temas financieros puede ser estresante para las parejas. Muchas personas prefieren sufrir en silencio antes que hablar de un problema económico personal y aguantar la vergüenza asociada a tener este tipo de problema o tomar malas decisiones financieras.

En la cultura estadounidense, el dinero desempeña un papel importante no solo en cómo nos vemos a nosotros mismos, sino también en cómo queremos que los otros nos vean, tanto en lo personal como en lo profesional.

El dinero significa cosas diferentes para cada persona según sus experiencias y valores. Mis padres solían reírse del hecho de no discutir por el dinero, porque no había nada por lo que discutir. Cuando mis padres se compraron su primera casa, no tenían ni para comprar un cubo de pintura, pero tuvieron una charla abierta y sincera sobre sus creencias, pensamientos y prioridades.

Otra perla de sabiduría que aprendí de mi padre es estar abierta a las oportunidades a medida que se presenten y prepararme para el mañana lo mejor posible.

Lo que más aprecio de mi padre es su capacidad de implicarse en las conversaciones sobre el dinero. Cuando mi tía falleció inesperadamente con cuatro niños pequeños, mi padre pagó el funeral. Mi tío le pidió a mi padre que le prestara dinero para el funeral. Y mi padre le dijo: "No, te lo daré. No deberías preocuparte por eso ahora".

Ni sermones ni reprimendas: utilizó la ocasión como una oportunidad de enseñanza sobre planificación de testamentos y funerales.

La gente puede pensar que solo los ricos necesitan hacer testamento, pero la verdad es que todo el mundo debería hacerlo. El testamento resume las voluntades y elimina conjeturas para cuando ya no estamos aquí.

Esta es la sabiduría que inculco a mis clientes cuando hablamos de temas incómodos.

Mi padre me enseñó las pólizas de seguro que contrató para él y para mi madre. Me enseñó cómo abrir la caja fuerte y cómo localizar los documentos de planificación patrimonial en caso de que algo le sucediera.

Defendía que había que abordar los temas serios de manera proactiva, porque que no contrates un seguro de vida o no te prepares para los supuestos de "qué pasaría si..." no significa que no vayan a suceder.

Después de licenciarme en Lengua y Literatura de Asia Oriental, obtuve una beca del Ministerio de Educación japonés para asistir a la Universidad de Keio y trabajar en Tokio. Como editora y traductora de un boletín informativo para inversores de habla inglesa, hice uso de mis habilidades comunicativas y analíticas.

Quería aplicar los conceptos que aprendí en finanzas corporativas, como hojas de balance saneadas y declaraciones de flujo de caja, para particulares y familias, para que pudieran proteger y hacer crecer su patrimonio neto mientras gestionaban su flujo de caja positivo.

Mi filosofía sobre el dinero conforma mi manera de invertir. Me gusta la flexibilidad y la disciplina en mi plan de inversiones. Intento automatizar mi plan de ahorro e inversión. Empecé a aportar a mi plan 401(k) ya antes de acabar la universidad.

Para invertir sigo una perspectiva a largo plazo. Creo que la diversificación fiscal es tan importante como la diversificación de las inversiones. Es importante tener cuentas con impuestos diferidos, libres de impuestos y sujetas a impuestos para poder planificarse de cara a los cambios en las tasas impositivas. No soy el tipo de inversora que lo dejará configurado y se olvidará, ni tampoco estaré haciendo negociación intradía en mi cuenta. Todas las carteras se merecen un buen trato con cariño.

La planificación financiera no evitará una recesión del mercado, pero saber que se puede seguir remando proporciona cierta tranquilidad.

A veces, creo que la gente se complica más de lo necesario. Tiendo a no ser demasiado optimista ni demasiado pesimista, algo que mis clientes valoran de verdad. Creo en la simple tríada del promedio de costes en dólares, el crecimiento libre de impuestos y el valor del dinero en el tiempo.

Recuerdo lo emocionada que estaba cuando me enteré de los planes 529 y abrí uno para cada uno de mis hijos. Como he tomado el camino empresarial dentro del sector del asesoramiento financiero desde 2003, aproveché la cuenta SEP IRA y después la Single K/Individual K/Solo K para ahorrar dinero para la jubilación.

La importancia de la educación no está solo en cómo enseño a los clientes, sino también en cómo he criado una familia. Nadie aspira a criar niños analfabetos, ¿qué diferencia hay con la educación financiera?

Estudios recientes muestran que los estadounidenses tienen bajos niveles de educación financiera y dificultades para aplicar las habilidades de toma de decisiones financieras en situaciones de la vida real.

Defiendo que la educación financiera se enseñe en las escuelas. Lo que los niños necesitan son comunidades sólidas que ayuden a cerrar la brecha entre principiantes y expertos en lo tocante a la instrucción en finanzas.

Como madre, mantengo un diálogo abierto con mis hijos. Cuando me preguntan por las finanzas, utilizo ejemplos cotidianos, como la factura del agua o de la electricidad, para explicarles el concepto del presupuesto.

Para ser sincera, el término "educación financiera" puede sonar repelente. Prefiero los términos "confianza financiera" y "educación inversora". Al fin y al cabo, todos podríamos sentirnos más seguros sobre nuestro futuro.

Como hija de padre chino y madre estadounidense, he estado expuesta a muchos estereotipos diferentes en Estados Unidos, Europa y Asia. También crecí recibiendo mensajes contradictorios sobre lo que significa ser una mujer profesional exitosa.

De hecho, hacer malabares con mis responsabilidades como hija, esposa, madre, cuidadora, profesional y planificadora financiera profesional me ha enseñado a luchar por el equilibrio, no por la perfección.

Cuando empecé con la planificación financiera, era raro que una mujer asalariada tuviera éxito con una familia joven, por no hablar de una con un origen diferente. Sabía, igual que todos los demás, que tenía todo en mi contra. Pero con mi éxito, más de diez años después, esa responsabilidad es ahora percibida como un activo y como una fuente de inspiración para otras mujeres jóvenes profesionales en el campo de la planificación financiera.

Como mujeres jóvenes, todavía escuchan a menudo el mensaje de que el dinero es responsabilidad de los hombres. Esa idea allana el camino para que las mujeres no se preocupen mucho por lo que sucedería si tuvieran que asumir múltiples funciones de cuidadoras y/o ser económicamente independientes.

La igualdad e independencia financieras son igual de importantes para las mujeres. Y para aquellas mujeres que buscan una vida próspera y generar riqueza, es clave tener las habilidades de inversión adecuadas. Es muy importante que las mujeres, independientemente de su estado civil (solteras, divorciadas, viudas o casadas) asuman un papel mucho más activo en su vida financiera.

Al asumir un papel más activo, las mujeres obtendrán más claridad, confianza y control en sus vidas. Para ello, necesitan saber todo lo posible sobre el dinero. Al igual que hizo mi padre, inculco estos valores en mis hijas.

A mis clientes, les prometo a ellos, y a quienes aprecian, las cuatro C: claridad, confianza, control y coraje.

Claridad sobre las opciones que tienen disponibles. Quiero que se centren en lo que más les importa. Confianza para planificar su futuro y saber que los pasos que se están dando son adecuados para ellos. Por ejemplo, si elegir la suma global en vez de la pensión les quita el sueño por la noche, deben hacer lo que sea congruente con sus objetivos y su tolerancia al riesgo. Control: la sensación de lo que pueden controlar. No puedes prever el rendimiento del mercado de valores. No puedes predecir los tipos de interés. Puedes controlar cómo ahorras, cómo gastas, cómo inviertes y cómo reaccionas. Coraje: para hacer preguntas y buscar ayuda sin sentirte juzgado.

A mí me encanta de verdad ser una CFP® profesional porque tengo la oportunidad de transformar vidas y tener un impacto positivo en mi comunidad. La planificación financiera es estimulante desde el punto de vista intelectual, gratificante desde el emocional y satisfactoria desde el financiero.

Alex Chalekian

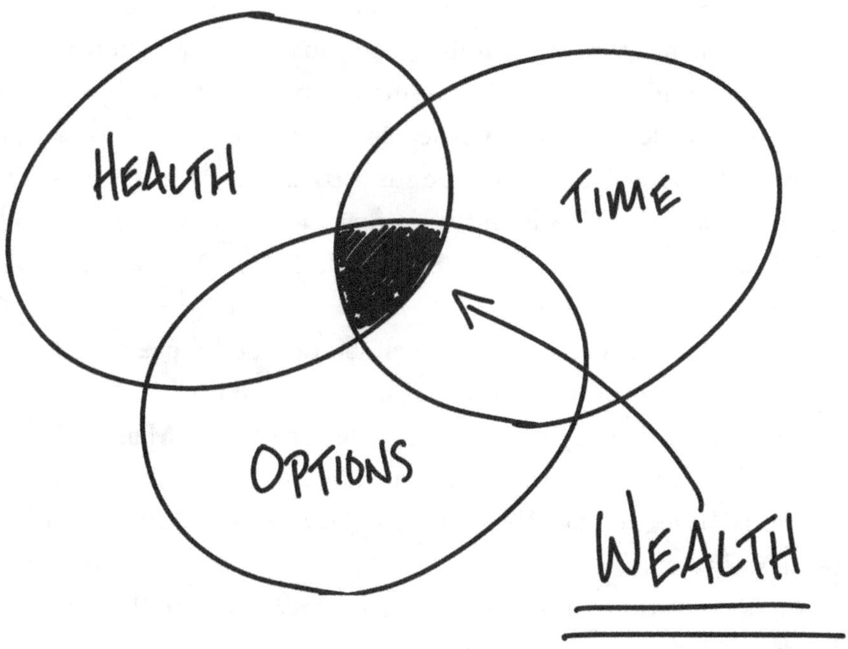

Salud - Tiempo - Opciones - Riqueza

Alex Chalekian es fundador y CEO de Lake Avenue Financial. Durante más de veinte años se ha dedicado a ayudar a sus clientes a alcanzar sus objetivos financieros. Trabaja con fervor para ayudarlos a cristalizar sus objetivos financieros, y desarrollar a continuación un plan integral para construir y administrar los activos financieros hacia estos objetivos.

A lo largo de su carrera, Chalekian ha formado a muchos asesores sobre cómo hacer la transición de sus actividades, hacer crecer sus negocios y tener éxito en la industria financiera. Después de múltiples adquisiciones, se ha convertido en uno de los asesores de más rápido crecimiento de la industria.

Chalekian cuenta con un grado en Gestión de Empresas de la Universidad Pepperdine. Comenzó su carrera en la industria de la planificación financiera en 1997 y fundó Chalekian Wealth Management en 2003. Más tarde, en 2014, fundó Lake Avenue Financial, una asesoría en inversión registrada (RIA, por sus siglas en inglés) con sede en Pasadena, California.

Si no está trabajando, dedica su energía a su familia, amigos y la comunidad.

Me crie en una casa con mucho amor, pero no mucho dinero. Mis padres eran unos currantes que a duras penas conseguían lo suficiente para darnos a mi hermano y a mí una vida decente.

Mi madre vino a Estados Unidos en 1970 con sus padres, era una adolescente entonces. Mi padre llegó en 1971 cuando tenía veintimuchos. Se conocieron en Los Ángeles, se casaron y decidieron formar una familia. Mi hermano y yo somos la primera generación de nuestra familia que ha nacido aquí.

De niños, nunca entendimos los sacrificios de nuestros padres y abuelos para conseguir que creciéramos en un ambiente sano y seguro. Dejaron todo lo que tenían en los países donde se criaron y decidieron empezar una nueva vida en Estados Unidos. Al fin y al cabo, es la tierra de las oportunidades, ¿no?

Mi abuelo, que era el pilar de nuestra familia, contaba con muchas habilidades, pero tuvo la humildad suficiente para empezar de cero cuando vino a este país. Trabajaba, junto con mi abuela y mi madre, en cualquier cosa que saliera. Muchas veces hacían varios turnos en un mismo día para poder sobrevivir. Con los años, mi abuelo ahorró y pudo abrir un pequeño restaurante. Era el primer negocio estadounidense que montaba mi familia y tenían claro que debía salir bien. Mi padre, que llegó al país por su cuenta, también tenía muchas habilidades y destreza manual. Enseguida encontró trabajo en un taller de joyas en el centro de Los Ángeles.

Después de casarse, mi padre siguió trabajando en el centro de la ciudad y mi madre empezó a trabajar de maestra. Unos años después, habían conseguido ahorrar para comprar su primera casa en Reseda (California). Esta fue la casa donde mi hermano y yo crecimos. No era la más bonita ni la mejor del barrio, pero mis padres estaban orgullosos de haber cumplido el "sueño americano" de ser propietarios.

¿Por qué me estoy poniendo nostálgico?

Porque para entender por qué la gente invierte o quiere invertir su dinero de una manera concreta, creo que es especialmente importante conocer los antecedentes de las personas y su primera experiencia con las finanzas personales. Es vital averiguar lo que el dinero significa para cada cual y cuáles fueron esas primeras experiencias que dieron forma a su ideología sobre la riqueza.

La riqueza significa cosas diferentes para cada persona. Pero para mí, después de ver la lucha de mi familia durante años, significaba tener independencia financiera. A medida que me he hecho mayor, y espero que más sabio, la riqueza ha adquirido un significado totalmente distinto. La riqueza ahora significa salud, tiempo y opciones.

Decidí incorporarme al sector financiero en 1997 después de darme cuenta de que debía seguir mi pasión por las inversiones y las finanzas personales. Tenía 21 años por aquel entonces y estaba estudiando para ser contable. Eso es lo que pensaba que quería hacer el resto de mi vida.

Pero mientras compaginaba mi trabajo en una empresa de contabilidad con la universidad, me di cuenta enseguida de que esa no era mi vocación. Supe que debía tener una trayectoria profesional que me entusiasmara y motivara para prosperar. A los 18 ya había empezado a invertir en acciones individuales y comprado varios fondos mutuos después de acabar secundaria. La clase de economía que tenía en mi último año me motivó a sumergirme en las inversiones.

Cuando estaba en la universidad pude trabajar, y así conseguí apartar algo de dinero e invertirlo. Antes de los 20, ya tenía una pequeña cartera y leía *The Wall Street Journal* e *Investor's Business Daily*. La carrera de asesor financiero parecía la opción más natural. Al fin y al cabo, era joven, y si las cosas no iban bien en la industria financiera, siempre podría intentar una carrera diferente. Pero seguiría teniendo el conocimiento y la formación que podría usar para mi propio beneficio personal.

Me di cuenta pronto de que era importante seguir las recomendaciones que les hacía a los clientes, ya fuera abrir una cuenta de jubilación o hacer invertir a mis clientes en las mismas acciones y fondos mutuos que yo tenía. No ganaba mucho dinero al principio, así que cumplía los requisitos para hacer pequeñas aportaciones a una cuenta de jubilación Roth IRA. Opté por usar fondos mutuos de crecimiento para esta cuenta. Me percaté de la importancia de la diversificación y me parecía lógico invertir en este tipo de fondos de gestión activa una aportación de 5.000 dólares.

También tenía una cuenta de corretaje sujeta a impuestos con varias acciones y fondos mutuos. Seguí añadiendo dinero a esta cuenta todos los meses. La estrategia del promedio del coste en dólares puede resultar aburrida, pero funciona para invertir. Rápidamente hice crecer esta cartera y perfeccioné mis habilidades. Hacer seguimiento de las acciones, leer las finanzas de la empresa y estar al día de las tendencias eran cosas que hacía por diversión. Mientras que la mayoría de mis amigos intentaban saber qué hacer con sus vidas, yo tuve la suerte de saber pronto qué quería hacer con la mía.

Veinte años más tarde, mi cartera actual luce de una forma muy diferente. Sobre todo, porque mi principal activo, mi negocio de planificación financiera, ha crecido con los años. Hacer lo que es mejor para nuestros clientes ha ayudado a mi empresa a crecer orgánicamente, pero también ha dado oportunidades para que adquiriésemos otros despachos más pequeños. En 2005 empecé a hacer los deberes y a preparar nuestra empresa para nuestra primera adquisición. Enseguida me di cuenta de cómo funcionaban las cuentas en estas transacciones y que, si la adquisición tenía éxito, sería una de las mejores inversiones que haría jamás. Sabiendo esto, me puse a buscar vendedores y cerré mi primera compra en 2008.

Desde entonces, he tenido varias oportunidades más de adquirir otras oficinas y he cerrado los tratos cuando eran adecuados. Me di cuenta enseguida de que el flujo de caja era la clave para lograr esta independencia financiera. Así que, al principio de mi carrera, tal vez en el año 2000, me concentré específicamente en la planificación financiera y la gestión de activos por tarifa.

Por ahora, en torno al 80 por ciento de mis activos son las acciones de mi empresa. Con el paso de los años, esta cifra ha aumentado constantemente desde el 30 por ciento. Ya sé que muchos asesores que estarán leyendo esto negarán con la cabeza. Les decimos a nuestros clientes que diversifiquen. Les decimos que reduzcan lentamente su mayor posición en acciones para reducir sus riesgos generales. Proponemos estrategias para protegerlos en el caso de que el valor de las acciones de su empresa caiga significativamente. Si no tuviera la oportunidad de invertir en adquisiciones, tendría una cartera más grande con acciones cotizadas y ETF.

Mi empresa no cotiza en bolsa, por lo que no tiene la liquidez o el mercado que me permitiría vender acciones. En cambio, es como uno de mis clientes que son propietarios de pequeñas empresas y han hecho crecer sus negocios hasta constituir una gran parte de su patrimonio neto y que están esperando una estrategia de salida cuando llegue el momento oportuno. Por mucho que hables con este cliente sobre invertir en otras cosas, ya te ha enseñado lo rentable que es para él reinvertir sus fondos en el negocio. Y, lo que es más importante, así sienten que tienen el control de su destino. Después de todo, si nos fijamos en los empresarios más ricos del mundo, enseguida se aprecia un patrón: su mayor activo es el negocio que fundaron o las acciones de la empresa.

Para tener oportunidades de comprar otras oficinas, era crucial para mí contar con grandes posiciones de efectivo o ser consciente de que podría necesitar liquidar algunas de mis acciones fuera de mis cuentas de jubilación. El proceso mental fue muy sencillo: estas adquisiciones generaban un gran flujo de efectivo y una gran inversión que podía controlar.

Echemos un vistazo al siguiente ejemplo:

El asesor X genera 100.000 dólares en ingresos recurrentes y ha decidido jubilarse.
La oficina del asesor X sale a la venta por 250.000 dólares (utilicemos un múltiplo de 2,5 para este ejemplo).
Uso el efectivo disponible o algunas de mis inversiones para comprarla por 250.000 dólares y la convierto rápidamente para generar 100.000 dólares en ingresos adicionales para la empresa (se podría utilizar financiación para la compra).

Suponiendo que ya tenga la infraestructura instalada y ningún gasto adicional por esta adquisición, todos esos ingresos deberían fluir a mis resultados finales. De acuerdo con este ejemplo, sería equivalente a un bono con un cupón de el 40 por ciento. Y se tomaría ese flujo de caja y se convertiría en otra adquisición; de la misma manera que muchos han hecho con las propiedades de inversión. El efecto combinado a lo largo de los años puede ser enorme.

Además del 80 por ciento de mis activos, que están en mi empresa, el 20 por ciento restante están en una mezcla de efectivo, acciones individuales, ETF y fondos mutuos. No estoy de acuerdo con eso de que hay que elegir entre gestión activa o pasiva. Dependiendo de lo que estés buscando hacer, puedes usar cualquiera de las dos opciones de inversión o ambas.

Hasta ahora he utilizado acciones individuales y ETF para la asignación de renta variable en mis carteras y fondos mutuos para la porción de renta fija. Para las cuentas de jubilación prefiero las inversiones pasivas, como ETF y fondos indexados. Pueden ir bien para mantener bajos los costes y, lo que es más importante, frenarme antes de intentar operar en estas cuentas que son para el largo plazo. En las cuentas que no son de jubilación, prefiero tener acciones individuales y fondos gestionados activamente. Las acciones no siempre suben, pero si hay que asumir pérdidas, tengo que poder cancelarlas. Eso no lo puedo hacer con una cuenta de jubilación.

Como emprendedor, enseguida te das cuenta de que el dinero no es más que el medio para conseguir un fin. Ser capaz de cuidar y mantener a mi familia es mi prioridad absoluta. Como he comentado antes, mi definición de riqueza significa salud, tiempo y opciones. El dinero es la herramienta necesaria para asegurarme de que puedo mantener a mi familia con salud, darles tiempo para hacer las cosas que disfrutan y la capacidad de tener opciones en cualquier cosa en la vida.

Tómate tu tiempo para descubrir qué significa la riqueza para ti. Una vez lo tengas claro del todo y tengas el proyecto que seguir, comienza a sentar las bases para un futuro más feliz.

Conclusión

"No me digas lo que piensas, dime lo que tienes en la cartera."

Nassim Nicholas Taleb

HAY UN VIEJO chiste que dice que las finanzas personales son más personales que finanzas. Aunque quizá sea una observación demasiado inteligente, está revelando algo cierto que los expertos financieros serios solo mencionan con discreción: no existe una única forma correcta de gestionar el dinero.

La ortodoxia, esa forma correcta de hacerlo, proviene de los primeros tiempos de las finanzas matemáticas modernas, hace décadas. Existen muchos conocimientos sobre carteras óptimas, mercados eficientes, determinación del precio de los valores y otros asuntos en los que los inversores racionales pueden aumentar su utilidad.

Debajo del plano etéreo de las altas finanzas se encuentran las directrices más pedestres sobre el ahorro inteligente, el endeudamiento sensato y el gasto prudente. En general, hay unas normas de conducción y deberíamos acatarlas.

Con todo, reina la heterodoxia. Sabemos que cuando interactúan teorías elegantes y normas sencillas con la vida real de las personas y las familias que saben cómo arreglárselas y prosperar, gestionar el dinero propio se convierte en algo ingenioso, cuando menos.

Este libro es una colección de ensayos cortos a cargo de expertos en gestión económica que han dedicado sus carreras profesionales a mejorar la vida financiera de los demás. Todos ellos ya conocen la ortodoxia.

Lo que debería ser evidente es que la manera en la que los profesionales gestionan su propio dinero se parece más a un dibujo impresionista que a un diagrama de un manual. Como dice Nassim Taleb, solo puedes saber cómo gestiona alguien el dinero cuando te enseña cómo se juega el suyo invirtiendo. A diferencia de cualquier otro libro que conozcamos, en este nuestros autores nos muestran sus carteras.

Apenas dimos indicaciones a los colaboradores. Les enviamos el texto del blog de Josh y les pedimos que escribieran su propia versión. Y nada más que eso, además de indicar que todo vale, no solo invertir *per se*, sino también ahorrar, pedir préstamos, gastar, donar, y demás.

Y lo que recibimos fueron historias. Historias sobre esperanza, frustración, alegría, lucha, deseos y crecimiento. Historias humanas. Bob Seawright nos cuenta su singular historia de la casa junto al lago. Dasarte Yarnway nos narra el viaje de su familia desde África a Estados Unidos. Carolyn McClanahan y Ashby Daniels nos cuentan cómo los momentos difíciles que vivieron de niños les han ayudado a forjar su capacidad para prosperar como adultos.

El dinero fue, y es, parte inextricable de estas travesías.

Para empezar, debemos evitar las dificultades y pagar las facturas. A lo largo de los capítulos, vemos que los autores tienen hijos que criar, familias y comunidades que apoyar y causas que respaldar. Imagino que, al leer al menos uno de estos ensayos, prácticamente todos los lectores de esta obra dirán: "Igual que yo".

Cuando me leí los capítulos, salían varios temas (para cada persona pueden ser diferentes).

El dinero sí puede comprar la felicidad. Sí, eso he dicho. Porque es la verdad. Por supuesto, buena parte gira en torno a lo que entendemos por "felicidad", pero es un hecho que el dinero resuelve problemas, alivia el dolor y el arrepentimiento y puede comprar tanto emociones efímeras como alegrías duraderas. Josh Rogers es feliz con su colección de arte y Shirl Penney, con sus caballos, pero los dos y el resto de colaboradores hablan, de una forma u otra, sobre la creación de oportunidades que viene con la flexibilidad financiera. Ryan Krueger no fue el único que escribió sobre la "tranquilidad" que es posible obtener, pero no se garantiza, cuando gestionamos nuestras finanzas y carreras profesionales con cabeza. Con quienes han hablado de sus orígenes, me sorprendió que coincidían en que querían crear algo mejor no solo para ellos mismos sino, sobre todo, para la próxima generación. La intersección entre el dinero y el significado era patente.

El dinero es una expresión de nuestros valores y nuestra identidad. Nunca insistiremos demasiado en ello. El dinero es un lenguaje y lo utilizamos para verbalizar quiénes somos y quiénes queremos ser. Cuando Morgan Housel expresa con tanta claridad la importancia de la interdependencia financiera, habla en nombre de la mayoría que lo único que quiere es tener la opción de vivir la vida que desean. Para Perth Tolle, el mercado es un medio para expresar su visión del mundo: su empresa y su cartera son su estrella polar. Josh Brown contaba la historia de cómo sus inversiones específicas están vinculadas a sus valores y relaciones. Muchos colaboradores escribieron con franqueza sobre las causas que les interesan.

Los guiones de dinero importan. Como explica Blair duQuesnay, nuestra educación deja una huella indeleble en nosotros, y esto incluye nuestra experiencia con el dinero. Las historias sobre el dinero que heredamos o aquellas que aprendemos a escribir nosotros mismos es probable que pesen más en nuestra toma de decisiones y actitudes que el resultado de una simulación Montecarlo. Leighann Miko describe con elocuencia la conexión entre su educación y su pasión actual por ayudar a los demás. Tanto para Rita Cheng como para Alex Chalekian, la historia familiar fortalece su labor de asesoramiento y sus decisiones financieras. En la trayectoria de Debbie Freeman se mezclan las dificultades y la esperanza. La sombra de las historias de fondo de todos se proyecta sobre sus decisiones actuales.

El capital financiero es solo uno más de nuestros activos. En un libro sobre dinero, varios colaboradores hablan sobre el capital humano. Y tiene sentido. Cada uno de nosotros tiene aspiraciones, con múltiples herramientas para llegar hasta ellas. Sí, nuestras billeteras son importantes, pero también nuestro cerebro y nuestras redes. Lazetta Rainey Braxton escribe sobre invertir en ella misma, su capital humano, para forjarse una buena vida. Lo mismo hace Dan Egan. Howard Lindzon, Ted Seides y yo aprovechamos nuestro capital social para generar mejores oportunidades. Las dos primeras palabras de este libro, "Cómo invierto", abren la puerta a una consideración más amplia de cómo poder salir adelante en la vida.

El proceso y la experiencia importan. Estos capítulos son prácticos. Observamos técnicas detalladas para el ahorro, la selección de valores, la construcción de carteras, la gestión de impuestos y la planificación de la jubilación. Nina O'Neal explica su estrategia para financiar la educación de sus hijos. Christine Benz ha construido carteras efectivas gracias a la búsqueda de la simplicidad de toda su carrera. Muchos autores hablan con detalle de estrategias específicas de jubilación. Las historias pueden inspirar, pero las palabras y las frases que las constituyen se rigen por unas normas. El dinero también tiene su propia gramática y lo mejor para nosotros es aprenderla. Uno de los placeres de editar este libro fue ver de primera mano cómo estas personas a las que respeto construyeron una serie de procesos para resolver problemas a los que todos nos enfrentamos.

Invertir es un arte hábil (y personal). Crecí en este negocio evaluando a gestores de dinero. Y lo que era cierto hace años sigue siéndolo en la actualidad: no hay una manera correcta de seleccionar acciones y bonos y crear carteras. Cada persona puede desarrollar la manera que más le convenga. Los dividendos de Jenny Harrington y los productos básicos de Mike Underhill son expresiones de cómo ven el mundo desde una posición privilegiada con información de sus antecedentes y una seria devoción por su oficio durante muchos años. Ellos, al igual que otros, retratan su propio camino para moverse por la complejidad del mundo de una manera que a ellos les funciona.

La mayoría de las veces estamos solos para resolver problemas comunes, pero no tiene por qué ser así. La libertad financiera es difícil de conseguir sin educación financiera, una causa con la que muchos de los colaboradores, como, sobre todo, Tyrone Ross, están muy comprometidos. Sabemos que las conversaciones personales sobre el dinero son incómodas entre compañeros, padres, hijos y amigos. El dinero es un tema peligroso porque implica una conexión inquebrantable entre nuestras cuentas bancarias y nuestro sentido de la autoestima. Sin embargo, en respuesta, nuestra sociedad no facilita los recursos ni el acceso a aquellos que quieren abordarlo y no saben por dónde empezar.

Sé, por mis conversaciones privadas con muchos de los colaboradores, que este ejercicio ha sido duro, revelador y terapéutico, todo mezclado. Se les dio una hoja de papel en blanco y se les dijo: "Háblanos de ti, no de tus clientes ni de tu empresa". A pesar de gestionar o asesorar colectivamente sobre millones de dólares de dinero de otras personas, compartieron con nosotros detalles personales de una forma que no habían hecho antes. Algunos expresaron ansiedad, otros compartieron una sensación de alivio al contar al menos una parte de su historia. Y estos son los expertos: personas que trabajan con dinero todos los días. Por tanto, no sorprende que pueda ser aún más difícil para quienes no han dedicado sus vidas profesionales a dar sentido al mundo financiero.

Ahora tú tienes tu propia hoja de papel en blanco y la oportunidad de hacer este ejercicio de autoexploración. Esperamos que, gracias a estas historias, puedas responder mejor a la pregunta: ¿cómo invierto?

Brian Portnoy

Cómo invierto…

Escribe aquí tu propio ensayo sobre cómo inviertes tu dinero.

Cómo invierto…

Cómo invierto…

www.ingramcontent.com/pod-product-compliance
Lightning Source LLC
LaVergne TN
LVHW050852051026
849532LV00006BA/2214